# Aprenda desarrollo web con Laravel desde cero

Jhon Jairo Rincón

Acceda a www.marcombo.info
para descargar gratis
**el contenido adicional**
complemento imprescindible de este libro

Código: LARAVEL25

# Aprenda desarrollo web con Laravel desde cero

Jhon Jairo Rincón

Marcombo

*Aprenda desarrollo web con Laravel desde cero*

© 2025 Jhon Jairo Rincón

Primera edición, 2025

© 2025 MARCOMBO, S. L.
www.marcombo.com

Ilustración de cubierta: Jotaká
Maquetación: Reverté-Aguilar, S. L.
Corrección: Héctor Tarancón
Directora de producción: M.ª Rosa Castillo

ISBN: 978-84-267-3893-6
D.L.: B 17014-2024

Impreso en Arteos
*Printed in Spain*

**Libro ecológico**
Impreso con papel procedente de bosques gestionados de manera eficiente, libre de cloro.

# Contenido

# Prólogo

*Aprenda desarrollo web con Laravel desde cero*, con este libro aprenderá a crear un blog autoadministrable con Laravel, Livewire, Tailwind y Alpine.js. El contenido de este libro es perfecto para aquellos que desean continuar avanzando en la programación web con PHP y avanzar como desarrolladores, al terminar habrá creado un blog donde cualquier usuario podrá administrarlo fácilmente sin la necesidad de conocimientos técnicos avanzados.

Laravel es uno de los frameworks más populares para el desarrollo web en PHP, y con el temario que he preparado en este libro aprenderá a utilizarlo para crear un blog. Livewire le permitirá agregar interactividad a su sitio web sin la necesidad de escribir JavaScript, mientras que Tailwind le ayudará a diseñar una interfaz de usuario moderna y atractiva. Alpine es una biblioteca de JavaScript liviana y fácil de aprender que le permitirá agregar interactividad adicional a su sitio.

Con este libro aprenderá a instalar y configurar Laravel, Livewire, Tailwind y Alpine, y cómo utilizarlos juntos para crear un blog completamente funcional. Desde la creación de la base de datos y la migración de los modelos hasta la implementación de la funcionalidad de publicación y comentarios, este curso le guiará en todo el proceso de creación de un blog autoadministrable.

Este libro está escrito por **Jhon Jairo Rincón Cardona**, experto en desarrollo web con PHP y JavaScript.

# INTRODUCCIÓN A LARAVEL

## 1.1. Lo que aprenderá en este curso

En *Aprenda desarrollo web con Laravel desde cero*, el alumno aprenderá a crear un blog autoadministrable con Laravel, Livewire, Tailwind y Alpine. Este curso es perfecto para aquellos que desean continuar avanzando en la programación web con PHP y avanzar como desarrolladores. Al terminar el curso el alumno habrá creado un blog donde cualquier usuario podrá administrarlo fácilmente sin la necesidad de conocimientos técnicos avanzados.

Laravel es uno de los frameworks más populares para el desarrollo web en PHP, y en este curso le enseñaremos cómo utilizarlo para crear un blog. Livewire le permitirá agregar interactividad a su sitio web sin la necesidad de escribir JavaScript, mientras que Tailwind le ayudará a diseñar una interfaz de usuario moderna y atractiva. Alpine es una biblioteca de JavaScript liviana y fácil de aprender que le permitirá agregar interactividad adicional a su sitio.

A lo largo de este curso, aprenderá cómo instalar y configurar Laravel, Livewire, Tailwind y Alpine, y cómo utilizarlos juntos para crear un blog completamente funcional. Desde la creación de la base de datos y la migración de los modelos hasta la implementación de la funcionalidad de publicación y comentarios, este curso le guiará en todo el proceso de creación de un blog autoadministrable.

### 1.1.1. En este curso también aprenderá

- A crear, validar y procesar formularios.
- A configurar Laravel para enviar emails.
- Lo que es el middleware para hacer login con protección en el password y recuperación de credenciales.
- A desarrollar aplicaciones de gestión de datos.
- A utilizar Tailwind o implementar Bootstrap en sus proyectos de Laravel.
- A crear componentes personalizados.
- A crear modelos de bases de datos complejos.
- A crear y gestionar roles y permisos con Laravel Passport.
- A implementar ADMIN LTE para crear el panel de administración de un blog.
- Lo que son los seeders y los fakers para generar datos de pruebas en su aplicación.

Si conoce el lenguaje PHP y quiere avanzar en su carrera como desarrollador con Laravel podrá desarrollar unas habilidades muy valiosas, como son:

- **Habilidades transferibles:** las habilidades que se aprenden con Laravel son transferibles a otros frameworks PHP, lo que hace que sea una inversión valiosa para el futuro.
- **Habilidades para el desarrollo web completo:** Laravel le enseñará a desarrollar aplicaciones web completas, incluyendo back-end, front-end y bases de datos.
- **Habilidades blandas:** Laravel le ayudará a desarrollar habilidades blandas como la resolución de problemas, el trabajo en equipo y la comunicación.

## 1.2. Instalación y configuración del servidor

### 1.2.1. ¿Qué es Laragon?

Laragon es una herramienta para equipos técnicos que permite crear diferentes entornos de desarrollo, lo que facilita el trabajo con las aplicaciones. Al instalar Laragon podremos trabajar con lenguajes del lado del servidor como Node, Ruby, Python y, por supuesto, PHP.

Para todos los desarrolladores que quieran aumentar su productividad y flujos de trabajo es más que recomendable, ya que Laragon ofrece unas prestaciones que hace que todo sea más sencillo y rápido a la hora de crear entornos de trabajo, su configuración es rápida y, además, es gratuito.

Para empezar el curso de Laravel creará su entorno virtual, en este curso trabajará con Laragon, aquellos que deseen trabajar con otros entornos locales como "Xamp" o "Wampserver" pueden hacerlo, casi todos funcionan igual, la única diferencia es que Laragon crea automáticamente el virtual host, mientras que en los otros servidores locales deberá hacerlo de forma manual.

### 1.2.2. Descargando e instalando Laragon

A continuación, verá un vídeo sobre cómo instalar Laragon.

https://youtu.be/m4wy9EYEwuM

Ahora vaya a la ventana de ajustes de Laragon y seleccione:

*menu->PHP->version*

Aquí deje la versión 8.1, si no la tiene seleccionada por default selecciónela, así podrá trabajar con la última versión de Laravel.

Ahora que ve que todo funciona ya podrá instalar **LARAVEL**. En la versión 10 o 11, Laravel requiere una versión PHP 8.1 o superior.

Vaya a la ventana de opciones de Laragon y en:

*Menú -> creación rápida de sitio web-> laravel*

Cree el proyecto "escuela" y vea cómo se empiezan a descargar los paquetes de Laravel y a instalarse todos los archivos necesarios.

Una vez se instale todo saldrá lo siguiente:

Ahora, desde la ventana de Laragon, abra el proyecto y se abrirá el navegador con nuestro nuevo proyecto "escuela".

## 1.3.  Otra forma de crear un nuevo proyecto en Laragon

Para crear un nuevo proyecto en Laragon lo hará desde la misma terminal de Laragon, así que lo primero será iniciar todos los servicios y después abrir la terminal.

Una vez lo abra compruebe que tiene el Composer y la versión de PHP, así que escribirá:

```
composer + enter
```

Esto le mostrará la versión del Composer.

Después escribirá:

```
php -v
```

### 1.3.1. Esto le mostrará la versión de PHP con la que está trabajando, si es la versión PHP 8.1 o 8.2 podrá instalar la versión 10/11 de Laravel.

Limpie la consola con el comando:

```
clear + enter
```

Después de comprobar todo, para crear un nuevo proyecto de Laravel consulte la documentación:

https://laravel.com/docs/10.x/installation

Lo primero es instalar Laravel a nivel global, así que escriba el comando:

```
composer global require laravel/installer
```

Después de esto escriba el comando para crear el nuevo proyecto, para el nombre del proyecto no deben utilizarse espacios ni guiones bajos, ha de ser un nombre corto y sencillo, teclee "pruebaescuela".

```
laravel new pruebaescuela
```

Después de que se cargue todo cierre la terminal y recargue Laragon para que cree la nueva ruta del proyecto, entonces en la ventana de Laragon vaya a:

```
menú->www
```

Y aquí verá el nuevo proyecto.

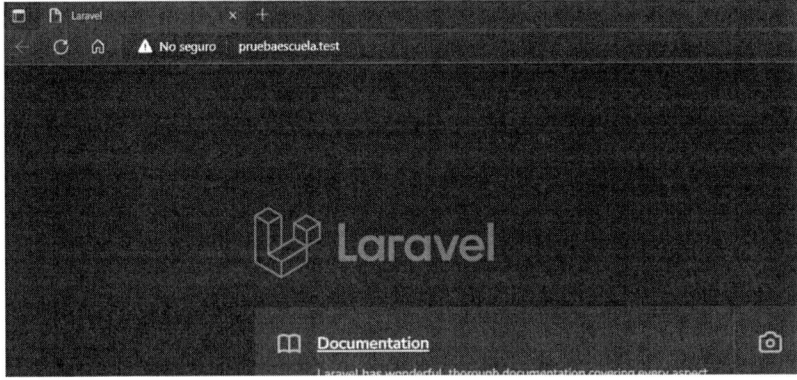

Después de esto ya podrá empezar a maquetar su proyecto.

# MÓDULO 2
# RUTAS, CONTROLADORES Y VISTAS DE LARAVEL

## 2.1. Creando las páginas del menú (routes)

Las rutas o routes son esenciales en Laravel, pues desde aquí manejará las rutas hacia los archivos de las páginas que creará en la carpeta "public".

En la carpeta "routes", que se encuentra en la raíz de su proyecto, encontrará un archivo que se llama "web.php". En este archivo definirá las rutas de las páginas principales y las subpáginas pasando una variable en la función o método "get()", que utilizará para crear las rutas.

Ahora, por ejemplo, creará la ruta de una página que llamará "cursos", para ello, justo debajo de la ruta que ya tiene, escribirá lo siguiente:

```
Route::get('cursos', function () {

    return "Bienvenido a la página de cursos";

});
```

Ahora en la URL principal de su proyecto escribirá "/cursos", la url quedaría así, "http://escuela.test/cursos", y saldría el mensaje que ha puesto, como puede ver en la siguiente imagen:

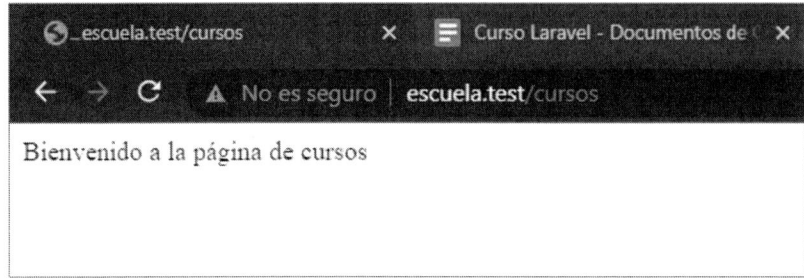

Ahora imagine que la página "cursos" es una página donde alojará muchos otros cursos, es decir, existirán muchas rutas que se crearán bajo la categoría principal, que será "cursos". Para esto, escriba lo siguiente:

```
Route::get('cursos/{curso}', function ( $curso ) {
    return "Bienvenido al curso de: $curso";
});
```

Ahora, si escribimos algo en la URL, será el valor que tenga la variable para luego retornarlo en el mensaje, es decir, si en la URL escribimos "/curso/javascript" el mensaje que verá será:

"Bienvenido al curso de javascript".

**NOTA IMPORTANTE:**

Ahora, para ayudarnos a crear las rutas y otras funciones útiles y repetitivas, en Laravel instalaremos el complemento "Laravel Snippets" en Visual Studio Code.

Después de esto cree otra subruta que será opcional, para ello escriba un nuevo método:

```
Route::get('cursos/{curso}/{categoria?}', function ( $curso, $categoria = null ) {

    //Este condicional iría en el controlador
    if($categoria){
        return "Bienvenido al curso $curso, de la categoria $categoria";
    }else{
```

```
    return "Bienvenido al curso $curso, de la categoria $categoria";
  }

});
```

Fíjese en algo importante, al pasar el signo de interrogante "?" en el parámetro que recibe la ruta le está indicando a Laravel que esta extensión de la ruta es opcional. A su vez, en la variable que pasó como parámetro a la función "get()", le indicamos que por default esta variable será nula "$categoria = null".

Después, dentro del método "get()" verá un condicional que valida si la variable $categoria está recibiendo algún valor, lo recomendable es que este condicional se establezca en la parte del controlador, y no aquí.

Ahora imagine que quiere hacer un formulario para crear un curso, la URL sería: "cursos/create". Es muy importante el orden donde va esta función, porque si la pone al final dará error, pero si la pone justo debajo de la URL "cursos", y antes de declarar la variable "curso" en la URL "cursos/{curso}", entonces sí funcionará.

```
Route::get('cursos/create', function () {
    return "En esta página se podrá crear un curso";
});
```

Esto se debe a que el archivo de PHP se va leyendo de arriba hacia abajo, por esto es importante el orden de las funciones o métodos.

## 2.2. Controladores de Laravel

En lugar de definir en su totalidad la lógica de las peticiones en el archivo "web.php", que se encuentra en el directorio "routes", lo más optimo es organizar este comportamiento usando clases tipo Controller.

Los Controladores pueden agrupar las peticiones HTTP relacionadas con la manipulación lógica en una clase.

Los Controladores normalmente se almacenan en el directorio de la aplicación:

```
app/Http/Controllers/
```

Un Controller usualmente trabaja con las peticiones:

- GET
- POST
- PUT
- DELETE
- PATCH

Asociando los métodos de la siguiente forma:

- GET: index, create, show, edit
- POST: store
- PUT: update
- DELETE: destroy
- PATCH: update

Los controladores ayudan a agrupar estas peticiones en una clase que se liga a las rutas.

El controlador se encarga de determinar qué es lo que se va a mostrar al usuario.

Por ejemplo, si quiere crear ciertas funciones para su página de inicio creará un controlador que se llamará "Home", este controlador lo creará a través de la terminal de Laragon, para crear los controladores también utilizará PHP Artisan.

Así que para crear el Controller "Home" escribirá el comando:

```
php artisan make:controller HomeController
```

Esta es la línea de comando básica que crea la clase del controlador sin la función o método "__invoke()", que es la que se utiliza para escribir el código que utilizará en esta página. Así, si revisa ahora la ruta:

```
"app/Http/Controllers/"
```

Verá el nuevo controlador.

Ahora, dentro del controlador creará el método "__invoke()" y dentro de este método irá toda la lógica de programación que teníamos en la ruta ('/'), lo que quedará así:

```php
<?php
namespace App\Http\Controllers;
use Illuminate\Http\Request;
class HomeController extends Controller
{
    //
    public function __invoke(){
        return view('welcome');
    }
}
```

Ahora vuelva al archivo "web.php" de la carpeta "routes" para incluir el controlador, así que en la parte superior escribirá:

```
use App\Http\Controllers\HomeController;
```

Y después añadirá el Controller al método "get()" así:

```
Route::get('/', HomeController::class);
```

Ahora el archivo completo "web.php" debe estar así:

```php
<?php
use Illuminate\Support\Facades\Route;
use App\Http\Controllers\HomeController;
/*
|--------------------------------------------------------------------------
| Web Routes
|--------------------------------------------------------------------------
|
| Here is where you can register web routes for your application. These
| routes are loaded by the RouteServiceProvider within a group which
| contains the "web" middleware group. Now create something great!
|
*/
Route::get('/', HomeController::class);

Route::get('cursos', function () {
    return "Bienvenido a la página de cursos";
});

Route::get('cursos/create', function () {
    return "En esta página se podrá crear un curso";
});

Route::get('cursos/{curso}', function ( $curso ) {
    return "Bienvenido al curso de: $curso";
});

Route::get('cursos/{curso}/{categoria?}', function ( $curso, $categoria = null ) {
```

```
//Este condicional iría en el controlador
if($categoria){
    return "Bienvenido al curso $curso, de la categoría $categoria";
}else{
    return "Bienvenido al curso $curso, de la categoría $categoria";
}
```

```
});
```

Ahora haga lo mismo con la página "cursos", creará un controlador, pero esta vez lo hará directamente desde el editor de código "Visual Studio Code", así que pulse **CTRL + Ñ** para abrir la terminal y escriba:

```
php artisan make:controller CursoController
```

Puede verlo en la imagen.

Ahora aparecerá el archivo "CursoController.php" en la ubicación "app/Http/controllers".

En este controlador creará tres rutas distintas, y para ello lo hará con tres métodos distintos.

**"index()":** este es el método que por default muestra la página principal.

**"create()":** este es el método encargado de crear un formulario para crear un curso.

**"show()":** este es el método que se suele utilizar para mostrar la vista del curso que se ha creado.

Ahora el archivo "CursoController.php" debería estar así:

```php
<?php
namespace App\Http\Controllers;
use Illuminate\Http\Request;

class CursoController extends Controller
{
  //aquí los métodos
  public function index(){
  }

  public function create(){
  }

  public function show(){
  }

}
```

A continuación, los comentarios que hay dentro de las funciones "get()" en el archivo "web.php" los quitará y los pondrá en estos nuevos métodos:

```php
<?php
namespace App\Http\Controllers;
use Illuminate\Http\Request;

class CursoController extends Controller
{
  //aquí los métodos
  public function index(){
    return "Bienvenido a la página de cursos";
  }

  public function create(){
    return "En esta página se podrá crear un curso";
  }

  public function show($curso){
    return "Bienvenido al curso de: $curso";
```

```
    }

}
```

En el último método "show()" pasará la variable $curso como parámetro.

Ahora vaya de nuevo al archivo "web.php" para incluir la ruta del controlador. Si tiene instalada la extensión "php intelephense" le será de gran utilidad el asistente.

Escriba "use Curso" y automáticamente el asistente de la extensión le escribirá toda la línea de código para incluirla en el controlador.

```
use App\Http\Controllers\CursoController;
```

Ahora pondrá el controlador dentro de los métodos "get()", es importante tener en cuenta que por default, cuando incluye el controlador en el método "get()", este buscará el método "__invoke()". Pero este método no lo utilizará, lo que utilizará serán los propios métodos que ha creado, por ejemplo, para la primera ruta "cursos" creó el método "index()", entonces lo que hará será escribir lo siguiente:

```
Route::get('cursos', [CursoController::class,
'index']);
```

Ahora con las otras dos rutas "create" y "{curso}" hará lo mismo. De momento elimine la ruta de las "categorias".

```
Route::get('cursos/create', [CursoController::class, 'create']);
Route::get('cursos/{curso}', [CursoController::class, 'show']);
```

El código completo del archivo "web.php" ahora debería verse así:

```
<?php

use Illuminate\Support\Facades\Route;
use App\Http\Controllers\HomeController;
use App\Http\Controllers\CursoController;
```

```
/*
|--------------------------------------------------------------
| Web Routes
|--------------------------------------------------------------
|
| Here is where you can register web routes for your application. These
| routes are loaded by the RouteServiceProvider within a group which
| contains the "web" middleware group. Now create something great!
|
*/

Route::get('/', HomeController::class);

Route::get('cursos', [CursoController::class, 'index']);

Route::get('cursos/create', [CursoController::class, 'create']);

Route::get('cursos/{curso}', [CursoController::class, 'show']);
```

## 2.3.   Los grupos de rutas

El controlador de grupos de rutas sirve para agrupar varias rutas que comparten el mismo controlador, es decir, para la ruta "cursos" hay un solo controlador donde hay tres métodos distintos para manejar cada ruta, esto se puede agrupar dentro del siguiente método:

```
Route::controller()->group(function(){

});
```

Así, con este método solo deberá pasar su Controlador una sola vez, y este lo pasará como parámetro dentro del método controller(), debería ser así:

```
Route::controller(CursoController::class)-
>group(function(){

});
```

Ahora, dentro de este método, pasará los métodos "get()" con las rutas y los métodos a los que van relacionadas.

```
Route::controller(CursoController::class)->group(function(){
    Route::get('cursos', 'index');
    Route::get('cursos/create', 'create');
    Route::get('cursos/{curso}', 'show');
});
```

**NOTA IMPORTANTE:**

Esto solo debe hacerse con las rutas que comparten un solo controlador.

Después de esto guarde los cambios, si prueba las rutas en su navegador todo debería funcionar correctamente.

## 2.4.  Las vistas en Laravel

Las vistas en Laravel son la parte pública que el usuario del sistema va a poder ver, se escriben en HTML junto con un motor de plantillas llamado Blade.

Las vistas se encuentran ubicadas en la carpeta:

```
resources/views/
```

Laravel, por defecto, trabaja con la idea de que tiene que escribir la menor cantidad de código repetido, modularizar su código en donde más se pueda, y si esto lo aplica en sus modelos, controladores y demás partes de su proyecto, entonces ¿por qué no hacerlo también en las vistas?

Laravel usa unos archivos que se llaman plantillas o templates, que suelen ser los archivos principales, que tienen los segmentos de código que se repiten en más de una vista, como por ejemplo la barra de navegación, un menú de opciones, la estructura del acomodo de su proyecto, etc.

Como deben de estar prácticamente presentes en todos lados, no tiene sentido repetirlos en todas las vistas.

Por defecto, Laravel contiene un template llamado "welcome.blade.php", usualmente los templates contienen el head del HTML, las ligas del CSS del sistema y una sección exclusiva para los archivos Javascript.

Ahora algo muy importante que debe tener en cuenta es que la carpeta "views", que está dentro de la carpeta "resources", será la carpeta principal donde apuntará el método "view()", que es con el cual incluirá las páginas de su proyecto.

Empiece por crear la página de inicio de su proyecto, así que dentro de la carpeta "views" cree el archivo "home.php", y dentro cree una estructura básica HTML. Escriba "html:5" en Visual Studio y el archivo quedará así:

```html
<!DOCTYPE html>
<html lang="en">
<head>
  <meta charset="UTF-8">
  <meta http-equiv="X-UA-Compatible" content="IE=edge">
  <meta name="viewport" content="width=device-width, initial-scale=1.0">
  <title>Document</title>
</head>
<body>

</body>
</html>
```

Ahora, dentro del body, cree un "h1" y ponga "Bienvenido al Home", después en el archivo del controlador del home, donde está el método "view()", pondrá el nombre de la página que ha creado.

```php
class HomeController extends Controller
{
  //
  public function __invoke(){
    return view('home');
  }
}
```

Como se puede ver, no hace falta poner la extensión del archivo.

Ahora, para las vistas de las rutas que tiene para los cursos, cree una carpeta "cursos" dentro de la carpeta "view".

Después, dentro de esa carpeta "cursos", cree los archivos:

- index.php
- create.php
- show.php

Ahora, dentro de estos tres archivos, cree una estructura HTML igual que con el "home.php". Después de esto cortará el mensaje de los métodos index, create y show, y los pegará en sus respectivas vistas dentro de la etiqueta "h1" igual que hicimos con el "home.php".

La única excepción será en el archivo "show.php", donde pondrá la variable curso, y será entre etiquetas PHP.

```
<h1>Bienvenido al curso de: <?php echo $curso; ?></h1>
```

Ahora, dentro de los métodos que tiene el controlador "CursoController", ponga el método "view()" para redireccionar a las páginas que toca.

Es muy importante tener en cuenta que, para apuntar a un archivo que se encuentra dentro de una carpeta, debe utilizar un punto, es decir, para apuntar al archivo "index", que está dentro de la carpeta "cursos", escribirá "cursos.index". El código del método index quedaría así:

```
public function index(){
    return view('cursos.index');
}
```

Ahora todos los métodos se verían así:

```
class CursoController extends Controller
{
  //aquí los métodos
  public function index(){
    return view('cursos.index');
```

```
  }

  public function create(){
     return view('cursos.create');;
  }

  public function show($curso){
     return view('cursos.show');;
  }

}
```

Ahora, si prueba las rutas en su navegador, verá que la ruta "/cursos/curso" no funciona y da error. Esto se debe a que en el método "view()" debe pasar un array con la variable que recibirá, así que pondrá:

```
public function show($curso){
   return view('cursos.show', ['curso' => $curso]);
}
```

**NOTA IMPORTANTE:**

Si, por ejemplo, en el array el índice fuera 'c' en vez de curso.

```
public function show($curso){
   return view('cursos.show', ['c' => $curso]);
}
```

En el archivo "show.php" la variable tendría que ser "$c":

```
<h1>Bienvenido al curso de: <?php echo $c; ?></h1>
```

En este ejemplo queda claro que el nombre del índice que pasa en el controlador ha de ser el mismo que el que utiliza para crear la variable en la página de la vista.

## 2.5. Aprendiendo a utilizar el motor de plantillas de Blade

Una parte muy importante del motor de plantillas de Blade que por default trae Laravel es que con él podrá crear la estructura de su template sin necesidad de repetir código.

Lo primero será ir a la raíz de la carpeta "views" y dentro cree una nueva carpeta "layouts", dentro de esta carpeta cree el archivo "plantilla.blade.php", y dentro creee la estructura HTML que hizo anteriormente para los archivos "home", "show", "create" y "index".

Después, dentro de este nuevo archivo "plantilla.blade.php", añada un código para identificar el título de la página y otro para identificar el contenido. El documento ahora estará así:

```
<!DOCTYPE html>
<html lang="en">
<head>
    <meta charset="UTF-8">
    <meta http-equiv="X-UA-Compatible" content="IE=edge">
    <meta name="viewport" content="width=device-width, initial-scale=1.0">
    <title>@yield('title')</title>
</head>
<body>
    @yield('content')
</body>
</html>
```

Para traer la información de otras páginas está utilizando "`@yield()`".

Ahora que ya tiene montada la estructura HTML en un único archivo irá, por ejemplo, al archivo home.php y eliminará todo el HTML. Solo dejará el "<h1>" de bienvenidos al home, y escribirá lo siguiente:

```
@extends('layouts.plantilla')

@section('title', 'Home')
```

```
@section('content')
<h1>Bienvenido al Home</h1>
@endsection
```

Es importante tener en cuenta que para que este archivo pueda leer este código debe renombrar el archivo "home.php" por "home.blade.php".

Observe que también, para que la estructura HTML del archivo "plantilla.blade.php" se extienda a este archivo, es importante que en la cabecera lo defina:

```
@extends('layouts.plantilla')
```

**¡¡Importante!!** Ponga las comillas, de lo contrario le saldrá un error.

Es importante, para no equivocarse con las directivas de Blade, instalar un asistente en su editor de código. Así que busque la extensión "Laravel Blade Snippets".

Ahora, si va al archivo "home.blade.php" verá que su código se ve distinto, esto es porque su editor de código lo está reconociendo.

```
@extends('layouts.plantilla')

@section('title', 'Home')

@section('content')
<h1>Bienvenido al Home</h1>
@endsection
```

El siguiente paso será renombrar los archivos que tiene dentro de la carpeta "cursos", ahora serán:

- "index.blade.php"
- "create.blade.php"
- "show.blade.php"

Después de renombrarlos irá uno a uno y pondrá las directivas de Blade.

Abrirá el archivo "index" y escribirá:

```
@extends('layouts.plantilla')

@section('title', 'Cursos')

@section('content')
  <h1>Bienvenido a la página de cursos</h1>
@endsection
```

Vea que con solo escribir "extend" ya se activará el asistente Snippets de Laravel mostrando "b: extends", esto es lo que le ayudará al autocompletado de los comandos de Blade.

Después de escribir esto elimine la estructura HTML5, pues ahora la tomaremos de la plantilla de Blade.

Ahora abra el archivo "create" y escriba:

```
@extends('layouts.plantilla')
```

```
@section('title', 'Cursos create')

@section('content')
   <h1>En esta página se podrá crear un curso</h1>
@endsection
```

Fíjese en que solo dejó el mensaje "h1" y el resto del HTML también lo eliminó.

Por último, abra el archivo "show" y escriba:

```
@extends('layouts.plantilla')

@section('title', 'Curso ' . $curso)

@section('content')
   <h1>Bienvenido al curso de: <?php echo $curso; ?></h1>
@endsection
```

Es muy importante que se fije que aquí, en el section title, está pasando la variable $curso para recuperar por get el nombre del curso.

**NOTA IMPORTANTE:**

Con Blade puede omitir las etiquetas PHP para hacer un echo de una variable, esto se puede remplazar así:

```
{{$curso}}
```

Solo con poner esto Blade le mostrará el valor de la variable "$curso", ahora el "h1", donde está el mensaje, quedará así:

```
<h1>Bienvenido al curso de: {{$curso}}</h1>
```

# MÓDULO 3
# MANEJO DE BASES DE DATOS, MIGRACIONES Y MODIFICACIÓN DE TABLAS

## 3.1. Introducción al manejo de bases de datos

Casi todas las aplicaciones web modernas interactúan con una base de datos. Laravel hace que la interacción con las bases de datos sea extremadamente simple en una variedad de bases de datos compatibles utilizando SQL sin procesar, un generador de consultas fluido y el ORM Eloquent. Actualmente, Laravel proporciona soporte propio para cinco bases de datos:

- MariaDB 10.3 +
- MySQL 5.7+
- PostgreSQL 10.0+
- SQLite 3.8.8+
- SQL Server 2017+

**Configuración**

La configuración de los servicios de la base de datos de Laravel se encuentra en el `config/database.php`.

"database.php" es el archivo de configuración de su aplicación.

En este archivo puede definir todas las conexiones de su base de datos, así como especificar qué conexión debe usarse de manera predeterminada.

La mayoría de las opciones de configuración de este archivo dependen de los valores de las variables de entorno de su aplicación. En este archivo se proporcionan ejemplos de la mayoría de los sistemas de bases de datos compatibles con Laravel.

Lo primero que hará será crear la base de datos "escuela" si no está creada, si arrancó el proyecto en Laragon la base de datos se crea automáticamente. Si lo inició con Wampserver o Xamp debe entrar en su localhost phpMyAdmin y crear la base de datos.

Después de crearla busque el archivo:

```
config/database.php
```

En este archivo encontrará una configuración para conectar con diferentes tipos de bases de datos, por default Laravel establece que sea MySQL.

```
'default' => env('DB_CONNECTION', 'mysql'),
```

Como puede ver existen unas constantes para definir los valores de los índices que tiene el array para conectar con la base de datos.

Es muy importante tener esto en cuenta, porque debe saber que aquí en este archivo no podrá poner los datos de conexión con su servidor, debido a que estos proyectos suelen subirse a GitHub, y todo el mundo puede acceder a ellos, es información sensible.

Laravel recomienda que para esto se debe de crear un archivo ".env", así en este archivo se buscará una variable con el valor "DB_CONNECTION", si no se encuentra ningún valor se asignará por default "mysql", así con todos los otros índices del array para la conexión.

Este archivo ".env" es un archivo seguro, pues cuando suba un repositorio a GitHub este ignorará el archivo ".env", así sus credenciales estarán seguras.

Así que para configurar estos datos de conexión lo que hará será abrir el archivo ".env" que se encuentra en la raíz de su proyecto y poner los datos de conexión de su servidor, por default ahora mismo estarían así:

```
DB_CONNECTION=mysql
DB_HOST=127.0.0.1
DB_PORT=3306
DB_DATABASE=laravel
DB_USERNAME=root
DB_PASSWORD=
```

Aquí lo único que cambiará será el nombre de la base de datos, pondrá "escuela".

```
DB_DATABASE=escuela
```

El resto de los datos están bien porque son por default los datos de conexión de su servidor local, en el momento que el proyecto se suba a un servidor remoto deberemos de cambiar estos datos.

## 3.2. Introducción a las migraciones, creando las tablas en la base de datos

La creación de tablas de una base de datos de Laravel se hace desde las migraciones, si abrw la carpeta "database/migrations/" verá unos archivos.

En el primer archivo podrá encontrar dos métodos, que son "up()" y "down()", el código de este archivo se vería así:

```php
<?php

use Illuminate\Database\Migrations\Migration;
use Illuminate\Database\Schema\Blueprint;
use Illuminate\Support\Facades\Schema;

return new class extends Migration
{
    /**
     * Run the migrations.
     *
     * @return void
     */
    public function up()
    {
        Schema::create('users', function (Blueprint $table) {
            $table->id();
            $table->string('name');
            $table->string('email')->unique();
            $table->timestamp('email_verified_at')->nullable();
            $table->string('password');
            $table->rememberToken();
            $table->timestamps();
        });
    }

    /**
     * Reverse the migrations.
     *
     * @return void
     */
    public function down()
    {
        Schema::dropIfExists('users');
    }
};
```

Dentro del método "up()" puede ver que llama a la clase "Schema", donde ejecuta un método "create", a este método le está pasando dos parámetros.

El primer parámetro es el nombre que quiere darle a la tabla que va a crear, el segundo método es una función anónima a la cual le pasa un objeto "Blueprint $table", este objeto le servirá para crear las columnas de la tabla.

Al entrar en el método puede ver como este objeto $table va llamando a otros objetos para crear las columnas de la tabla.

```
$table->id();
```

Este método creará una columna id con las propiedades "integer", de autoincremento, y "unsigned" (sin signo).

```
$table->string('name');
```

Este método string creará una columna con la propiedad "varchar()", dicha propiedad le permitirá añadir hasta 255 caracteres.

```
$table->text('name');
```

En caso de querer utilizar más de 255 caracteres utilice la propiedad "text()".

```
$table->string('email')->unique();
```

En este método introducirá un string con la propiedad varchar, este string será un email, y a esto le añadirá una propiedad más, que es "unique()". Esta propiedad verifica que, a la hora de crear un nuevo registro, el email que se está introduciendo no exista.

```
$table->timestamp('email_verified_at')->nullable();
```

La propiedad "timestamp()" se utiliza para guardar fechas y en esta columna la creará para verificar correos electrónicos, si la activa y el usuario se registra, al verificar ese correo se almacenará la fecha en que se verificó, después se pasa la propiedad nullable(), puesto que al crearse el registro el campo quedará vacío y con la propiedad "nullable()" evitará que le dé error.

```
$table->string('password');
```

En esta columna creará los pasword con el método "string()".

```
$table->rememberToken();
```

En esta columna, al utilizar el método "rememberToken()", creará una columna de tipo varchar con un tamaño de 100 caracteres. Aquí se almacenará un token cada vez que el usuario inicie sesión y le dé a "mantener la sesión iniciada".

```
$table->timestamps();
```

Este último método crea dos columnas de tipo timestamp, este método no se debe confundir con el método de verificación del email, el del email está en singular y este último en plural.

Con este último método se crean dos columnas, "create_at" y "update_at", así cada vez que se cree un nuevo registro se almacenará en la columna "créate_at", y cada vez que actualice algún dato del usuario registrado se almacenará la fecha de la actualización en la tabla "update_at".

Para saber más acerca de los métodos para crear las tablas vaya a la documentación de Laravel `Database/migrations` en la siguiente URL:

https://laravel.com/docs/10.x/migrations#available-column-types

Ahora verá también que, dentro del mismo archivo de migración, tiene el método "down()", dentro de este método conectará con la clase "Schema" y ejecutará el método "dropIfExists()".

```
Schema::dropIfExists('users');
```

Con este método hace lo contrario al método "create()", es decir, aquí elimina la tabla "users".

Después de haber repasado todos los métodos que hay en este archivo de migraciones hay otros tres archivos más, que son:

2014_10_12_100000_create_password_resets_table.php
2019_08_19_000000_create_failed_jobs_table.php
2019_12_14_000001_create_personal_access_tokens_table.php

Pero si los revisa verá los mismos métodos que ha repasado en el primer archivo de las migraciones. Para saber más de los métodos de las migraciones revise el enlace de migraciones de la documentación de Laravel:

https://laravel.com/docs/10.x/migrations#available-column-types

Para crear una nueva migración deberá abrir la terminal de su editor de código, apuntando a su proyecto, y escribir el comando:

```
php artisan migrate
```

Es muy importante que antes de escribir el comando los datos de conexión estén correctos en el archivo ".env".

Así que vaya al archivo ".env" y revise los datos de conexión, recuerde que anteriormente modificó "DB_DATABASE—escuela", también modificará "APP_NAME" y pondrá el nombre de la aplicación, que es "escuela".

```
APP_NAME=escuela
APP_ENV=local
APP_KEY=base64:QqYjfMYdt/1wU/p8qu0hhr0+yCh8P+bljXiPfHZkYUE=
APP_DEBUG=true
APP_URL=http://localhost

LOG_CHANNEL=stack
LOG_DEPRECATIONS_CHANNEL=null
LOG_LEVEL=debug

DB_CONNECTION=mysql
DB_HOST=127.0.0.1
```

DB_PORT=3306
DB_DATABASE=escuela
DB_USERNAME=root
DB_PASSWORD=

Después de esto guarde los cambios y ejecute el comando. Ahora sí debería decirnos que está ok.

```
2014_10_12_100000_create_password_resets_table ..............
2019_08_19_000000_create_failed_jobs_table ..................
2019_12_14_000001_create_personal_access_tokens_table .......
```

```
...................................... 39ms DONE
...................................... 25ms DONE
...................................... 33ms DONE
```

Ahora, si va al panel de Laragon y recarga el servidor, verá que aparecen las tablas en la base de datos "escuela".

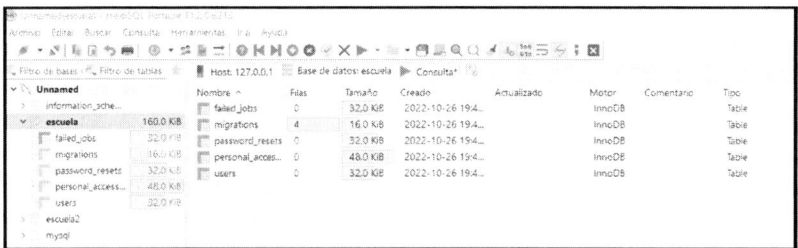

Compruebe que se han creado cinco tablas, una tabla adicional a los archivos de migraciones. Esta tabla adicional se llama migrations y es una tabla donde se registran todas las migraciones que se han creado, y una columna "batch" con el número 1, este número indica la cantidad de veces que se ha hecho esa migración.

Host: 127.0.0.1    Base de datos: escuela    Tabla: migrations    Datos

escuela.migrations: 4 filas en total (aproximadamente)

| id | migration | batch |
|---|---|---|
| 1 | 2014_10_12_000000_create_users_table | 1 |
| 2 | 2014_10_12_100000_create_password_resets_... | 1 |
| 3 | 2019_08_19_000000_create_failed_jobs_table | 1 |
| 4 | 2019_12_14_000001_create_personal_access_t... | 1 |

## 3.3. Creando nuevas migraciones y utilizando el método "up()"

En esta ocasión creará su propia migración, y para ello abrirá la terminal y escribirá:

```
php artisan make:migration cursos
```

Así creará una nueva migración llamada "cursos".

```
jhonr@Jhon-456 MINGW64 /c/laragon/www/escuela
$ php artisan make:migration cursos

    INFO  Created migration [2022_10_26_181313_cursos].
```

Si abre el archivo de migración que acaba de crear esto es lo que tiene:

```
<?php

use Illuminate\Database\Migrations\Migration;
use Illuminate\Database\Schema\Blueprint;
use Illuminate\Support\Facades\Schema;

return new class extends Migration
{
    /**
     * Run the migrations.
     *
```

```
 * @return void
 */
public function up()
{
   //
}

/**
 * Reverse the migrations.
 *
 * @return void
 */
public function down()
{
   //
}
};
```

Ahora, dentro del método "up()", utilizará algunos métodos para crear las columnas de la tabla "cursos", así que dentro del método "up()" escriba:

```
public function up()
{
   //Columns cursos
   Schema::create('cursos', function( Blueprint $table ){
      $table->id();
      $table->string('nombre');
      $table->text('descripcion');
      $table->timestamps(); //create_at update_at
   });
}
```

Con el ultimo método cabe recordar que se creará un registro para cada fila de datos.

Después de esto utilice el método:

```
Schema::dropIfExists('cursos');
```

Con esto el método "down()" quedará así:

```
public function down()
{
    Schema::dropIfExists('cursos');
}
```

Este método eliminará la tabla "cursos" si existe, ahora abra el terminal y ejecute el comando:

```
php artisan migrate
```

Al hacerlo verá que le sale que la migración ha sido exitosa. Si revisa la base de datos verá que ahora aparece la tabla "cursos", solo se migró esta última tabla, como las otras ya se habían migrado no se vuelve a repetir.

Si observa los datos de la tabla "migrations" verá que la última tabla que se añadió tiene el número dos en la columna batch.

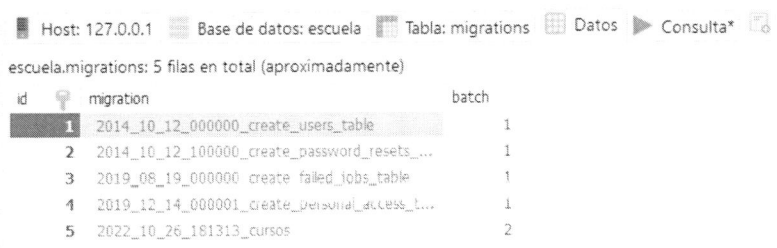

Esto se debe a que esta tabla pertenece al lote número dos, en el lote número uno solo aparecen las tablas que añadió al hacer la primera migración.

Si quisiera hacer cambios en esta última tabla "cursos" deberá ir hacia atrás ejecutando en la terminal el comando:

```
php artisan migrate:rollback
```

Después de ejecutar el comando sin errores verá que la tabla "cursos" se elimina de la base de datos.

```
jhonr@Jhon-456 MINGW64 /c/laragon/www/escuela
$ php artisan migrate:rollback

   INFO  Rolling back migrations.

   2022_10_26_181313_cursos ..............................................

jhonr@Jhon-456 MINGW64 /c/laragon/www/escuela
$ []
```

Así puede realizar algún cambio, pero esto se podrá hacer si está desarrollando el proyecto sin estar en producción, de lo contrario se eliminarán todos los datos de la tabla.

Ahora, si quiere que la tabla "cursos" forme parte del primer lote, debe primero ejecutar de nuevo el comando:

```
php artisan migrate:rollback
```

Hecho esto se eliminarán todas las tablas, después escriba de nuevo el comando:

```
php artisan migrate
```

Con esto se crearán todas las migraciones y al revisar la tabla "migrations" verá que ahora todas están en el lote uno.

Ahora eliminará el archivo de migración de "cursos" para crear para crear uno nuevo, pero por medio de un comando que ejecutará en la terminal.

Es importante que, antes de eliminar el archivo, haga un "rollback" para eliminar los registros de la tabla "migrations", de lo contrario podría dar error.

Así que primero escriba el comando:

```
php artisan migrate:rollback
```

Después de esto los registros de la tabla "migrations" ya estarán eliminados y ahora podrá borrar el archivo PHP de la migración "cursos".

```
∨ migrations
    2014_10_12_000000_create_users_table.php
    2014_10_12_100000_create_password_resets_table.php
    2019_08_19_000000_create_failed_jobs_table.php
    2019_12_14_000001_create_personal_access_tokens_table.php
> seeders
```

Después de eliminar el archivo escriba el comando:

```
php artisan make:migration create_cursos_table
```

Después de ejecutar este comando verá que aparece el archivo.

```
∨ migrations
    2014_10_12_000000_create_users_table.php
    2014_10_12_100000_create_password_resets_table.php
    2019_08_19_000000_create_failed_jobs_table.php
    2019_12_14_000001_create_personal_access_tokens_table.php
    2022_10_27_202135_create_cursos_table.php
> seeders
```

Si observamos dentro del archivo verá que también tiene creado el controlador con los métodos "up()" y "down()".

```
<?php

use Illuminate\Database\Migrations\Migration;
use Illuminate\Database\Schema\Blueprint;
use Illuminate\Support\Facades\Schema;
return new class extends Migration
```

```
{
    /**
     * Run the migrations.
     *
     * @return void
     */
    public function up()
    {
        Schema::create('cursos', function (Blueprint $table) {
            $table->id();
            $table->timestamps();
        });
    }

    /**
     * Reverse the migrations.
     *
     * @return void
     */
    public function down()
    {
        Schema::dropIfExists('cursos');
    }
};
```

Para finalizar añada al método "up()" las columnas que tenía antes, debería quedar así:

```
public function up()
{
    Schema::create('cursos', function (Blueprint $table) {
        $table->id();
        $table->string('nombre');
        $table->text('descripcion');
        $table->timestamps(); //create_at update_at

    });
}
```

Ahora que ya tiene la migración "cursos" escriba el comando:

```
php artisan migrate
```

Con esto ya tendría subidas todas las tablas en el primer lote.

## 3.4. Las migraciones, modificando las tablas

Si quiere realizar cambios en una tabla mientras aún esté en local y no en producción puede utilizar el comando:

```
php artisan migrate:fresh
```

Este método eliminará toda las tablas y las creará de nuevo recorriendo todas la columnas que indicó en el método "up()".

**Por ejemplo:**

Añadirá a la tabla "users" una columna que irá debajo del nombre, pondrá los apellidos.

```
public function up()
{
    Schema::create('users', function (Blueprint $table) {
        $table->id();
        $table->string('name');
        $table->string('apellidos');
        $table->string('email')->unique();
        $table->timestamp('email_verified_at')->nullable();
        $table->string('password');
        $table->rememberToken();
        $table->timestamps();
    });
}
```

Después de añadir la columna "apellidos" guarde los cambios y ejecute el comando:

```
php artisan migrate:fresh
```

Después de esto se eliminarán todas las tablas y se volverán a crear, si revisa la tabla "users" verá que ahora aparece la columna "apellidos".

**NOTA IMPORTANTE:**

Este comando de ningún modo deberá utilizarse si el proyecto está en producción, pues esto eliminará toda la información que se haya almacenado en las tablas.

Ahora, para realizar el proceso correctamente cuando su proyecto esté en producción, desarrollará un ejemplo donde añadiremos de nuevo la columna "apellidos".

Antes de iniciar el ejemplo eliminará la columna "apellidos", guardará los cambios y ejecutará el comando:

```
php artisan migrate:fresh
```

Con esto ya se ha eliminado la columna "apellidos".

Ahora vaya paso a paso para crear una nueva columna sin que se vean afectados los datos de la tabla.

Lo primero que hará será abrir su terminal y escribir el comando:

```
php artisan make:migration
add_apellidos_to_users_table
```

Con este comando está diciendo que se añada la columna "apellidos" a la tabla "users", esto creará un nuevo archivo de migración.

migrations
2014_10_12_000000_create_users_table.php
2014_10_12_100000_create_password_resets_table.php
2019_08_19_000000_create_failed_jobs_table.php
2019_12_14_000001_create_personal_access_tokens_table.php
2022_10_27_202135_create_cursos_table.php
2022_11_03_211836_add_apellidos_to_users_table.php

Si abre este nuevo archivo de migración podrá ver que ahora está apuntando al método "table()" y no al método "create()", como en las migraciones anteriores.

El código del nuevo archivo de migraciones sería así:

```php
<?php

use Illuminate\Database\Migrations\Migration;
use Illuminate\Database\Schema\Blueprint;
use Illuminate\Support\Facades\Schema;

return new class extends Migration
{
    /**
     * Run the migrations.
     *
     * @return void
     */
    public function up()
    {
        Schema::table('users', function (Blueprint $table) {
            //
        });
    }

    /**
     * Reverse the migrations.
     *
     * @return void
```

```
    */
  public function down()
  {
    Schema::table('users', function (Blueprint $table) {
      //
    });
  }
};
```

Ahora en este archivo de migración será donde añadirá la nueva columna, para ello dentro de la función table que hay en el método "up()" escribirá:

```
$table->string('apellidos')->nullable()-
>after('name');
```

El método se verá así:

```
public function up()
{
  Schema::table('users', function (Blueprint $table) {
    //add column apellidos
    $table->string('apellidos')->nullable()->after('name');
  });
}
```

Después de esto deberá escribir en el método "down()" la función que elimina la columna, para ello utilice la función "dropColumn()", así que escriba:

```
public function down()
{
  Schema::table('users', function (Blueprint $table) {
    //remove column apellidos
    $table->dropColumn('apellidos');
  });
}
```

Ahora guarde los cambios y ejecute el comando:

```
php artisan migrate
```

Con esto ya debería aparecer la nueva columna al refrescar la base de datos.

Ahora verá cómo modificar una columna de su tabla, podrá consultar la documentación de Laravel buscando "updating column".

## NOTA IMPORTANTE:

Si quiere cambiar la posición de la columna, por ejemplo, ponerla después de la columna "password", primero deberá revertir el cambio, deberá ejecutar el comando:

```
php artisan migrate:rollback
```

Si recarga el servidor de Laragon y revisa de nuevo la tabla verá que ya no sale la columna "apellidos". Ahora modificará el archivo de migración y dentro del método after pondrá "password".

```
$table->string('apellidos')->nullable()-
>after('password');
```

Guarde los cambios y ejecute el comando:

```
php artisan migrate
```

Ahora recargue el servidor y verá que en la base de datos aparece la columna apellidos después de la columna "password".

Ahora vuelva a hacer el mismo proceso para volver a reubicar la columna "apellidos" después de la columna "name".

## 3.5. Modificar las propiedades de una columna

Ahora verá cómo modificar las propiedades de una columna, podrá ver, por ejemplo, que la columna "name" es de tipo "varchar" y tiene una longitud de 255 caracteres.

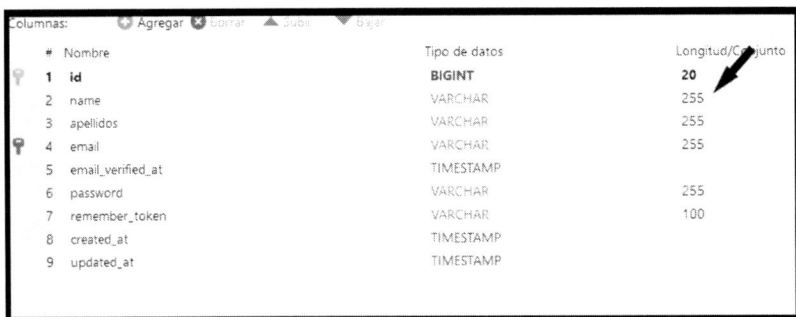

Para modificar las propiedades de una columna lo primero que hará será ejecutar un comando en la consola:

```
composer require doctrine/dbal
```

Este comando instalará un paquete mediante el administrador de paquetes de Composer. Puede ver la documentación de Laravel en la siguiente URL:

https://laravel.com/docs/10.x/migrations#modifying-columns

Verá ahora cómo modificar los atributos de la columna, lo primero será ejecutar el comando:

```
composer require doctrine/dbal
```

Al ejecutar este comando deberán instalarse unos paquetes para que todo vaya bien.

```
> Illuminate\Foundation\ComposerScripts::postAutoloadDump
> @php artisan package:discover --ansi

  INFO  Discovering packages.

  laravel/sail
  laravel/sanctum
  laravel/tinker
  nesbot/carbon
  nunomaduro/collision
  nunomaduro/termwind
  spatie/laravel-ignition

82 packages you are using are looking for funding.
Use the `composer fund` command to find out more!
> @php artisan vendor:publish --tag=laravel-assets --ansi --force

  INFO  No publishable resources for tag [laravel-assets].

C:\laragon\www\escuela>
```

Y después de esto deberá crear una nueva migración que llamará:

```
cambiar_propiedades_to_user_table
```

Así que escribirá el comando:

```
php artisan make:migration
cambiar_propiedades_to_users_table
```

Ahora, siguiendo el ejemplo que hay en la documentación:

https://laravel.com/docs/9.x/migrations#updating-column-attributes

Dentro del método "table" que hay en el método "up()" escribirá:

```
$table->string('name', 150)->change();
```

Y dentro del método "table" que hay dentro del método "down()" escribirá lo mismo, pero con el valor que tenía inicialmente la propiedad, que era de 255 caracteres.

```
$table->string('name', 255)->change();
```

Ahora ejecutará el comando:

```
php artisan migrate
```

Con esto actualiza la nueva migración y verá en la tabla que la propiedad "varchar" ahora es de 150 caracteres.

Si ahora ejecuta el comando:

```
php artisan migrate:rollback
```

Verá que se ejecuta el método "down()" y la columna "name" vuelve a ser de 255 caracteres.

Añada el valor null a la columna "name" con los 150 caracteres, para ello escriba dentro del método "up()":

```
$table->string('name', 150)->nullable()->change();
```

Y ahora dentro del método "down()":

```
$table->string('name', 255)->nullable(false)-
>change();
```

Si ahora escribe el comando:

```
php artisan migrate
```

Verá cómo se actualiza la propiedad de la columna "name" añadiendo un campo nulo, y si escribe de nuevo el comando "php artisan migrate:rollback" verá como la propiedad de la columna "name" vuelve a estar como antes.

# ELOQUENT, SEEDERS, FACTORIES Y CONSULTAS EN LA TERMINAL CON TINKER

## 4.1. Introducción a Eloquent

Laravel incluye Eloquent, un mapeador relacional de objetos (ORM) que hace que sea agradable interactuar con la base de datos. Al usar Eloquent, cada tabla de la base de datos tiene un "Modelo" correspondiente que se usa para interactuar con esa tabla.

Además de recuperar registros de la tabla de la base de datos, los modelos Eloquent también le permiten insertar, actualizar y eliminar registros de la tabla.

Para introducirse en ORM Eloquent de Laravel podrá consultar la página oficial.

https://laravel.com/docs/10.x/eloquent

Para empezar a entender cómo funciona lo primero que hará será ir a la tabla "users" y crear manualmente un registro donde pondrá un nombre cualquiera, unos apellidos, un correo y un password.

Utilizando el ORM de Eloquent podrá actualizar o modificar el email del registro que acaba de introducir, con ORM accederá al registro como un objeto y simplemente cambiando el valor del índice "email" el registro se actualizará sin necesidad de que cree una consulta SQL.

Para empezar a utilizar Eloquent deberá crear un modelo, así que escriba el comando:

```
php artisan make:model Curso
```

Ahora, si va a la raíz de su proyecto y abre "App/Models" verá un nuevo archivo "Curso.php", si abre el archivo esto es lo que verá:

```
<?php

namespace App\Models;

use Illuminate\Database\Eloquent\Factories\HasFactory;
use Illuminate\Database\Eloquent\Model;

class Curso extends Model
{
    use HasFactory;
}
```

Puede ver que es una clase "Curso" que se extiende al modelo donde podrá utilizar los métodos para crear, actualizar y eliminar registros. Además de muchos otros métodos más.

Según las directivas de Eloquent, al crear un modelo llamado "Curso" en singular se administrará una tabla llamada "cursos" en plural.

Ahora verá cómo manipular estos modelos para crear registros a través de la consola, para ello utilizará una tecnología llamada Tinker.

https://laravel.com/docs/10.x/artisan

### 4.1.1. Uso de Tinker

Tinker le permite interactuar con toda su aplicación Laravel en la línea de comando, incluidos los modelos, trabajos, eventos y más de Eloquent. Para ingresar al entorno Tinker, ejecutará el comando "artisan tinker":

```
php artisan tinker
```

Al utilizar el comando "tinker" en consola verá lo siguiente:

```
jhonr@Jhon-456 MINGW64 /c/laragon/www/escuela
$ php artisan tinker
Psy Shell v0.11.8 (PHP 8.1.0 - cli) by Justin Hileman
>>> []
```

Para salir de Tinker simplemente utilice el comando "exit".

Va a crear su primer objeto y lo insertará como su primer registro en la tabla "Cursos".

Para ello, lo primero que hará será apuntar al modelo, así que estando dentro de Tinker escribirá en la consola:

```
use App\Models\Curso;
```

Después clicará en enter y ahora creará una variable donde originará la instancia para llamar a la clase "Curso".

```
$curso = new Curso;
```

Después clicará en enter y con esto ya tendrá el objeto creado.

```
jhonr@Jhon-456 MINGW64 /c/laragon/www/escuela
$ php artisan tinker
Psy Shell v0.11.8 (PHP 8.1.0 - cli) by Justin Hileman
>>> use App\Models\Curso;
>>> $curso = new Curso;
=> App\Models\Curso {#3625}

>>> []
```

Ahora, si observa la tabla "cursos", tiene dos columnas que se han de rellenar, estas columnas son "nombre" y "descripcion".

**NOTA IMPORTANTE:**

NO poner acentos o caracteres extraños en los nombres de las columnas.

Bien para insertar datos a la tabla cogerá el objeto y apuntará al nombre de la columna donde quiere insertar los datos, así que escribirá:

```
$curso->nombre = 'Javascript';
```

Haga click en enter y ahora para la descripción escriba:

```
$curso->descripcion    = 'uno de los lenguajes más
populares entre los programadores';
```

Haga clic en enter, y ahora, si escribe en la consola "$curso" y clica en enter, me mostrará el objeto que de momento tenemos.

```
>>> $curso
=> App\Models\Curso {#3625
     nombre: "Javascript",
     descripcion: "uno de los lenguajes más populares entre los programadores",
   }
>>> 
```

Por último, para guardar este objeto como un registro en nuestra tabla escriba:

```
$curso->save();
```

```
>>> $curso->save();
=> true

>>> 
```

Si revisa su tabla "cursos", verá que ahora aparece el nuevo registro, y si en la consola vuelve a escribir "$curso" verá que le muestra el objeto con su id.

```
>>> $curso
=> App\Models\Curso {#3625
     nombre: "Javascript",
     descripcion: "uno de los lenguajes más populares entre los programadores",
     updated_at: "2022-12-03 11:08:55",
     created_at: "2022-12-03 11:08:55",
     id: 1,
   }
>>> []
```

Ahora, si quiere actualizar la descripción, simplemente escriba:

```
$curso->descripcion = 'Uno de los lenguajes más populares';
```

```
>>> $curso->descripcion = 'Uno de los lenguajes más populares';
=> "Uno de los lenguajes más populares"

>>> $curso
=> App\Models\Curso {#3625
     nombre: "Javascript",
     descripcion: "Uno de los lenguajes más populares",
     updated_at: "2022-12-03 11:08:55",
     created_at: "2022-12-03 11:08:55",
     id: 1,
   }
>>> []
```

Después de esto escriba "$curso" en la consola y verá el objeto con el nuevo valor en la descripción.

Para crear un nuevo registro creará, por ejemplo, una nueva variable y escribirá:

```
$curso2 = new Curso;
```

Haga clic en enter y ahora escriba:

- `$curso2->nombre = 'PHP';`
- `$curso2->descripcion = 'El lenguaje de programación de Laravel';`

Después de esto guarde el nuevo registro:

```
$curso2->save();
```

```
>>> $curso2->save();
=> true

>>> ▯
```

Y con esto ahora tendría dos registros en la tabla "cursos".

## 4.1.2. Convenciones y modelos

Por convenciones se refiere a las directrices de Eloquent a la hora de crear un modelo que apunte a una tabla, como ha visto antes para crear un modelo que apunte a la tabla "cursos", el modelo que creó ha de llamarse "Curso".

Vea que se utiliza un nombre en singular para el modelo que se refiere a la tabla con el mismo nombre en plural.

Para salir de esta convención y personalizar su modelo para que apunte, por ejemplo, a la tabla "users" primero deberá escribir en la consola:

```
exit
```

Así saldrá de Tinker y después deberá escribir dentro de su clase lo siguiente:

```
protected $table = 'users';
```

Ahora el archivo "Curso.php" quedaría así:

```
<?php

namespace App\Models;

use Illuminate\Database\Eloquent\Factories\HasFactory;
use Illuminate\Database\Eloquent\Model;

class Curso extends Model
{
    use HasFactory;
```

```
    protected $table = 'users';
}
```

Después de esto guarde los cambios, ahora puede crear objetos, que se almacenarán en la tabla "users".

Para ello escriba ahora en la consola:

```
php artisan tinker
```

Ahora apuntará al modelo, así que escriba en la consola:

```
use App\Models\Curso;
```

Ahora creará una variable para instanciar la clase, recuerde que ahora añadirá un registro a la tabla users. Escriba en la consola:

- `$usuario = new Curso;`
- `$usuario->name = 'Carlos';`
- `$usuario->email = 'prueba@prueba.com';`
- `$usuario->password = '123123';`

Ahora escriba la variable "$usuario" y vea el objeto.

```
>>> $usuario
=> App\Models\Curso {#3625
     name: "Carlos",
     email: "prueba@prueba.com",
     password: "123123",
   }
```

Ahora utilizará el método "save()" para guardar el registro.

```
>>> $usuario->save();
=> true
```

Si recarga ahora la base de datos verá que este registro se ha añadido a la tabla "users".

Después de esto elimine la propiedad "$table" del modelo "Curso.php" para que quede como estaba antes y salga de Tinker. Recuerde que para salir de Tinker usará el comando `exit`.

## 4.2. Seeders en Laravel

Los seeders son un recurso que le permiten cargar información a sus tablas para probar de manera sencilla y rápida el funcionamiento de su aplicación (paginación, filtros, entre otros). Ya no será necesario estar insertando datos uno por uno, inventando nombres o colocando el típico y horrible "asdffasd" o "123".

Los seeders se ubican en la carpeta `database/seeds` y puede crear tantos como desee.

Cuando quiera crear un usuario tipo "admin" puede hacerlo de forma manual en un seed, pero cuando quiera insertar muchos usuarios debe de existir una manera más agradable de lograrlo, ahí entra Faker.

Faker es un componente que genera datos para usted. De manera que con solo agregar el componente, hacer el llamado del mismo en el seed más unas simples líneas de códigos, podrá tener tantos datos como sean necesarios para evaluar su aplicación correctamente.

Vea cómo utilizar los seeders, para empezar, elimine las dos últimas migraciones, así que primero ejecute el comando:

```
php artisan migrate:reset
```

Con esto eliminará todas las tablas de la base de datos, ahora seleccione los archivos de las dos últimas migraciones y elimínelos.

Después abra el archivo de migración:

```
create_cursos_table
```

Aquí añadirá una nueva columna que llamará "categoría".

```
Schema::create('cursos', function (Blueprint $table) {
    $table->id();
    $table->string('nombre');
    $table->text('descripcion');
    $table->text('categoria');
    $table->timestamps(); //create_at update_at

});
```

Ahora guarde los cambios y cree un objeto que almacenará un registro desde los seeders, para ello deberá crear un archivo que gestione todos los datos que se insertarán en la tabla "Cursos".

Así que ahora creará el seeder "CursoSeeder", para ello escriba en la consola:

```
php artisan make:seeder CursoSeeder
```

Ahora, al ejecutar esto, verá que dentro de la carpeta "seeders" aparece este nuevo archivo.

Ahora, en la cabecera de este nuevo archivo, incluirá el archivo "Curso" que hay dentro de la carpeta "Models", así que escribirá:

```
use App\Models\Curso;
```

Ahora el archivo "CursoSeeder.php" deberá estar así:

```
<?php

namespace Database\Seeders;
```

```
use App\Models\Curso;

use Illuminate\Database\Console\Seeds\WithoutModelEvents;
use Illuminate\Database\Seeder;

class CursoSeeder extends Seeder
{
  /**
   * Run the database seeds.
   *
   * @return void
   */
  public function run()
  {
    //
  }
}
```

Ahora dentro del método "run()" cree dos registros.

```
public function run()
{
  //object
  $curso1           = new Curso();
  $curso1->nombre       = 'Wordpress';
  $curso1->descripcion   = 'El mejor CMS para desarrollo web';
  $curso1->categoria     = 'Desarrollo Web';

  $curso1->save();

  $curso2           = new Curso();
  $curso2->nombre       = 'Wordpress';
  $curso2->descripcion   = 'El mejor CMS para desarrollo web';
  $curso2->categoria     = 'Desarrollo Web';

  $curso2->save();
}
```

Ahora, para que el seeder pueda leer estos registros, se debe añadir una línea de código al método "run()" que hay dentro del archivo principal "DatabaseSeeder.php".

```
$this->call(CursoSeeder::class);
```

Ahora con este método "call()" llamará a la clase "CursoSeeder" para que se ejecute el método "run()".

Ahora fíjese en algo muy importante, al crear los objetos está añadiendo información al campo o columna "categoria", en vídeos anteriores este campo lo había llamado "categorias" en plural. Lo que debe hacer es abrir la migración "create_cursos_table" y modificar el nombre de esta columna.

```
$table->text('categoria');
```

Ahora que ya ha cambiado el nombre de este campo procederá con los comandos que le permitirán arrancar los seeders.

Después de todo esto guarde los cambios y ahora ejecute el primer comando en la consola, que es:

```
php artisan migrate:fresh
```

Y después de eliminar y volver a crear las tablas ejecutará el segundo comando, que es:

```
php artisan db:seed
```

Con esto se ejecutará el método "run" del seeder.

**NOTA IMPORTANTE:**

Con este comando siempre se ejecutará lo que hay en el método run del archivo "DatabaseSeeder.php".

Para escribir una línea de comando y no dos, se puede escribir en la consola una única línea, que es:

```
php artisan migrate:fresh --seed
```

Así se hace un refresh en las tablas y se crean los seeder en una sola línea de comando.

## 4.3. Factories en Laravel

Los Model Factories son una excelente forma de poblar su base de datos con datos de prueba generados automáticamente. Laravel, en su versión 5.1, incorpora este nuevo componente por defecto, en versiones anteriores a Laravel 5.1 era necesario agregar el componente Faker en su "composer.json" y realizar el proceso de manera manual en los archivos seeders.

Los Model Factories en realidad también trabajan con el componente Faker, esto lo podrá confirmar si mira su "composer.json", sin embargo, le ofrecen una manera más elegante y ordenada de trabajar.

Lo único que tiene que hacer para añadir los datos de prueba para su aplicación es indicar con qué tipo de información quiere que se llene, y también indicar la cantidad de registros que quiere insertar en su base de datos.

Para crear su primer Factory escribirá en la consola el comando:

```
php artisan make:factory CursoFactory --model=Curso
```

Ahora en la ruta `database/factories/` encontrará el archivo que acaba de crear "CursoFactory.php", ahora, si abre el Factory que acaba de crear este es el código que tendrá:

```
<?php

namespace Database\Factories;

use Illuminate\Database\Eloquent\Factories\Factory;

/**
```

```
 * @extends
\Illuminate\Database\Eloquent\Factories\Factory<\App\Models\Curso>
 */
class CursoFactory extends Factory
{
  /**
   * Define the model's default state.
   *
   * @return array<string, mixed>
   */
  public function definition()
  {
    return [
      //
    ];
  }
}
```

Ahora, dentro del método "definition()", encontrará un array que se retorna, dentro de este array escribirá todos los campos de las columnas de su tabla "cursos" que quiera rellenar.

```
return [
  'nombre' => $this->faker->sentence(), //una oración
  'descripcion' => $this->faker->paragraph(), //un párrafo
  'categoria' => $this->faker->randomElement([
    'Desarrollo Web',
    'Diseño Web'
  ])
];
```

Con esto introducirá una oración para el nombre del curso, un párrafo para la descripción y dos posibles títulos de categorías, que son:

- Desarrollo Web
- Diseño Web

Después de esto guarde los cambios y ahora abra el seeder "CursoSeeder.php". Elimine los objetos que había creado dentro del método "run()" y escriba lo siguiente:

```
//Factories
Curso::factory(50)->create();
```

Con esta línea de código está diciendo que se creen 50 registros, ahora en la consola ejecutará el siguiente comando:

```
php artisan migrate:fresh --seed
```

Después de ejecutar este comando vaya a su base de datos y verá que los registros se han añadido a la tabla "cursos".

Ahora, para simplificar este proceso, creará el Factory de "cursos" directamente en el archivo "DatabaseSeeder.php", para ello en este archivo vaya a comentar la línea de código:

```
// $this->call(CursoSeeder::class);
```

Ahora, en este mismo archivo y justo debajo de la línea que acaba de comentar, escriba:

```
\App\Models\Curso::factory(50)->create();
```

Después de escribir esto ya podrá eliminar el archivo "CursoSeeder.php".

**NOTA IMPORTANTE:**

Creará un archivo seeder cuando vea que el código que utiliza se vaya a extender mucho.

Después de estos cambios va a introducir de nuevo el comando:

```
php artisan migrate:fresh --seed
```

Si observa su base de datos verá que vuelven a crearse los 50 registros en la tabla "cursos".

Ahora va a crear registros de usuarios en la tabla "users", para ello en el mismo archivo "DatabaseSeeder.php" escribirá:

```
\App\Models\User::factory(10)->create();
```

Esta misma línea de código está comentada más arriba como ejemplo, así que la eliminará. Ahora, con esto han de crearse 10 registros de usuarios, escriba de nuevo en consola:

```
php artisan migrate:fresh --seed
```

Después de ejecutar el comando eche un vistazo a la tabla "users" y verá los 10 registros de usuarios.

## 4.4.   Generador de consultas Eloquent desde la consola de Tinker

Va a recuperar todos los registros de la tabla "cursos" utilizando Tinker en la consola, para ello va a abrir su editor de código y abra la consola, ahora escriba:

```
php artisan tinker
```

Después de esto ya podrá hacer la consulta, así que ahora que está con Tinker escriba de nuevo en consola lo siguiente:

```
use App\Models\Curso;
```

Así conecta con el modelo "Curso", ahora en consola escriba:

```
$cursos = Curso::all();
```

Utilizando el método "all()", que maneja el modelo, recuperará todos los registros de la tabla "Cursos" y deberá devolverle 50 registros, los cuales se guardan dentro de la variable "$cursos".

```
>>> $cursos = Curso::all();
=> Illuminate\Database\Eloquent\Collection {#4673
     all: [
       App\Models\Curso {#4675
         id: 1,
         nombre: "Aut inventore nam culpa eaque eaque sunt eaque quidem.",
         descripcion: "Magnam a assumenda necessitatibus voluptas aut architecto alias nihil. Disti
ehenderit iste.",
         categoria: "Diseño Web",
         created_at: "2022-12-05 07:20:08",
         updated_at: "2022-12-05 07:20:08",
       },
       App\Models\Curso {#4676
         id: 2,
         nombre: "Omnis adipisci temporibus consequatur beatae veritatis dolore nam.",
         descripcion: "Voluptatum dignissimos totam nobis amet neque. Laboriosam itaque adipisci as
```

Si lo que quiere es recuperar los registros por categoría, por ejemplo, con la categoría "diseño web", escriba en la consola:

```
$cursos = Curso::where('categoria', 'Diseño Web')-
>get();
```

Esto le devolverá todos los registros que tengan solo esta categoría, y si lo que quiere es recuperar los registros en un orden específico escribirá en la consola:

```
$cursos = Curso::where('categoria', 'Diseño Web')-
>orderBy('id', 'desc')->get();
```

Si quiere recuperar los registros por orden alfabético y en orden ascendente, escriba:

```
$cursos = Curso::where('categoria', 'Diseño Web')-
>orderBy('nombre', 'asc')->get();
```

Puede ver que si utiliza la propiedad "orderBy()" pasándole los parámetros "nombre", que es como se llama la columna, y "asc", que es el acrónimo de ascendente, obtendrá los registros de los cursos en orden alfabético.

Si quiere que solo le devuelva el primer registro al final de la consulta, en vez de usar el método "get()" utilizará el método "first()", y si quiere recuperar el último registro utilizará el método "last()", o simplemente escribirá:

- ```
  Curso::get()->first();
  ```
- ```
  Curso::get()->last();
  ```

```
>>> Curso::get()->first();
=> App\Models\Curso {#4704
    id: 1,
    nombre: "Aut inventore nam culpa eaque eaque sunt eaque quidem.",
    descripcion: "Magnam a assumenda necessitatibus voluptas aut architecto alias nihil. [
derit iste.",
    categoria: "Diseño Web",
    created_at: "2022-12-05 07:20:08",
    updated_at: "2022-12-05 07:20:08",
  }
```

Si lo que quiere es solo recuperar el campo nombre y descripción utilice el método "select()".

```
Curso::select('nombre', 'descripcion')->get();
```

```
edit qui earum ut qui.",
  },
  App\Models\Curso {#4760
    nombre: "Asperiores provident velit dolorem possimus nihil.",
    descripcion: "Voluptatibus veniam in eaque ratione. Aperiam debitis dolor
  },
  App\Models\Curso {#4761
    nombre: "Deleniti aut dignissimos cum qui non ipsam.",
    descripcion: "Itaque possimus ad alias eum sit maiores. Aut consequatur u
  },
]
```

Si quiere consultar un objeto conociendo su id puede hacerlo con el método "find()", así que puede escribir por ejemplo:

```
Curso::find(5);
```

Si quiere recuperar los registros a partir del id 45 hasta el 50 deberá escribir lo siguiente:

```
Curso::where('id', '>', 45)->get();
```

Para buscar una palabra en los nombres de los cursos que tiene en sus registros utilizará el parámetro "like" dentro de la propiedad "were()". Por ejemplo, buscará en sus registros todos los cursos que contengan la palabra "illum" en el nombre del curso, para ello escriba en la consola:

```
Curso::where('nombre', 'like', '% illum %')->get();
```

Si quiere conocer más comandos para hacer consultas Eloquent con Tinker puede echarle un vistazo a la siguiente URL:

https://norvicsoftware.com/tinker-en-laravel/

# MODIFICACIÓN DE DATOS ANTES Y DESPUÉS DE ALMACENARSE EN LA BASE DE DATOS

## 5.1. Mutadores y accesores

En Laravel, los mutadores y los elementos de acceso le permiten modificar los datos antes de guardarlos y recuperarlos de una base de datos.

Para ser específico, el mutador le permite modificar los datos antes de que se guarden en una base de datos. Por otro lado, el descriptor de acceso le permite modificar los datos después de que se recuperen de una base de datos.

Para poder utilizar los mutadores y accesores irá a su modelo "Users" y dentro del archivo en la parte superior incluirá la siguiente ruta:

```
//mutadores y accesores

use Illuminate\Database\Eloquent\Casts\Attribute;
```

Ahora, dentro de la clase del modelo "User", al final escribirá:

```
/**
 * Mutador y accesor
 * Creamos una funcion name para la columna name de la
 * tabla users
 */
```

```
protected function name(): Attribute{

  return new Attribute(
    set: function($value){
      return strtolower($value);
    }
  );

}
```

Suponga que un usuario se registra en su aplicación por medio de un formulario y almacena su nombre en su base de datos. El nombre que introduce el usuario en el formulario es "AlBerto EsPiNoza", usted quiere que este nombre se guarde en la base de datos con minúsculas.

Bien, para que esto se almacene en minúsculas debe utilizar el método mutador set "function()" y pasarle como parámetro el nombre o atributo que quiere mutar, por ello pase la variable "$value" dentro de la función.

Después este valor lo pasará a través del método PHP "strtolower()", este método devuelve toda la cadena convertida en minúsculas.

Ahora pruebe si esto funciona utilizando Tinker, así que vaya a la consola y abra Tinker:

```
php artisan tinker
```

Ahora apunte al modelo que quiere hacer las consultas:

- ```
  use App\Models\User;
  ```
- ```
  $user = new User();
  ```

Ahora introduzca un registro de un usuario:

- ```
  $user->name = 'AlBerto EsPiNoza';
  ```
- ```
  $user->email = 'aberto@pruebas.com';
  ```
- ```
  $user->password = bcrypt('123123');
  ```
- ```
  $user->save();
  ```

Ahora que ha almacenado esto en la base de datos va a verificarlo, el usuario debería haberse almacenado así:

```
10   Mr. Foster Lynch I          beatty.deonte@example.net
11   alberto espinoza            aberto@pruebas.com
```

## NOTA IMPORTANTE:

Obsérvese que para encriptar el password está utilizando la función o método "bcrypt()".

Bcrypt es una función de hashing de contraseñas diseñada por Niels Provos y David Mazières, basada en el cifrado Blowfish y presentada en USENIX en 1999.

Además de incorporar una sal para proteger contra los ataques de la tabla arcoíris, bcrypt es una función adaptativa: con el tiempo, el recuento de iteraciones se puede aumentar para que sea más lento, por lo que sigue siendo resistente a los ataques de búsqueda de fuerza bruta, incluso con una potencia de cálculo cada vez mayor.

Si en la consola escribimos "$user" verá que le devuelve al objeto.

```
>>> $user
=> App\Models\User {#3625
    name: "alberto espinoza",
    email: "aberto@pruebas.com",
    #password: "$2y$10$nqTKC2oS.cuP9kod4/uvq.OVAOH.zGXbuHdUtdtceWaWZRlDiZvIu",
    updated_at: "2022-12-06 18:14:35",
    created_at: "2022-12-06 18:14:35",
    id: 11,
  }
```

Ahora va a utilizar el método "accesor" para transformar el nombre del usuario, al recuperar el nombre desea que se muestre la primera letra o carácter de cada palabra en mayúscula, así que utilizarás la función de PHP "ucwords()".

Dentro del método "name()" escriba:

```
get: function($value){
    return ucwords($value);
},
```

Ahora el método "name()" que escribió dentro del modelo "User" deberá verse así:

```
/**
 * Mutador y accesor
 * Creamos una funcion name para la columna name de la
 * tabla users
 */
protected function name(): Attribute{

  return new Attribute(

    get: function($value){
      return ucwords($value);
    },

    set: function($value){
      return strtolower($value);
    }

  );

}
```

Ahora guarde los cambios y en la consola escriba el comando "exit" para salir de Tinker, después haga un clear, así limpiará la consola, y ahora vuelva a entrar al Tinker:

```
php artisan tinker
```

Ahora acceda al modelo:

- ```use App\Models\User;```
- ```$user = new User();```
- ```$user = $user->get()->last();```

Después use el método "last()" para obtener el último registro, así que ahora escriba en la consola:

```
$user->name;
```

Y con esto vea que ahora se le retornará el nombre con la primera letra de cada nombre en mayúscula.

Otra forma más moderna de escribir las funciones "get" y "set" con PHP 8.0 es la siguiente:

```php
protected function name(): Attribute{

  return new Attribute(

    get: fn($value) => ucwords($value),
    set: fn($value) => strtolower($value)

  );

}
```

Como puede verse es menos código, se suprimen las llaves y el "return" se remplaza por "=>", la flecha doble.

# MÓDULO 6
# FORMULARIOS EN LARAVEL, CREAR, LEER, ACTUALIZAR Y ELIMINAR REGISTROS

## 6.1. Listar y leer registros en Laravel

Ahora va a recuperar los registros que tiene guardados en la tabla "cursos" y va a verlos en el frontend, para ello vaya al navegador y escriba la URL:

http://escuela.test/cursos

Ahora que ya tiene esta URL abra el archivo "CursoController.php" y vaya a recuperar todos los cursos desde aquí, para ello, dentro del método "index()", que es donde mostró la ruta "/cursos", escriba lo siguiente:

```
$cursos = Curso::all();

return $cursos;
```

El método "index()" se verá ahora así:

```
public function index(){

    $cursos = Curso::all();
    return $cursos;

    return view('cursos.index');
}
```

Ahora, para poder recuperar esta información del modelo, que es desde donde hace las consultas a la Bases de Datos, debe incluir la ruta del modelo "Curso", así que en este mismo controlador en la cabecera escribirá:

```
use App\Models\Curso;
```

Ahora guarde los cambios y al refrescar la página cursos verá en la pantalla un array con varios objetos en un JSON.

Ahora que ve que funciona eliminará el return con la variable "$cursos", y en vez de eso pasará la variable a la ruta utilizando el método "compact()".

```
return view('cursos.index', compact('cursos'));
```

Dentro del método compact pasará el nombre de la variable como si se tratara de un string.

Ahora guarde los cambios y vaya a la ruta:

```
resources/views/cursos/index.blade.php
```

Dentro del content creará una lista con los cursos, esta lista la pondrá dentro de un bucle "foreach" para recorrer todos los objetos y recuperar el nombre.

```
@section('content')
  <h1>Bienvenido a la página de cursos index</h1>
  <ul>
    @foreach ($cursos as $curso)
      <li>{{ $curso->nombre }}</li>
    @endforeach
  </ul>
@endsection
```

Ahora imagine que en vez de 50 registros son 50 000 registros, es aquí cuando debe pensar en una paginación para que los registros se carguen en páginas de 10 o 15 registros, y no se intenten mostrar todos de golpe en una sola página. Esto sería malo para el servidor, así que en el controlador, y dentro del método "index()", remplace la función o método "all()" por el método "paginate()".

```
$cursos = Curso::paginate();
```

Verá que ahora al refrescar el frontend de la página cursos se mostrarán solo 15 registros, y si quiere ver los siguientes 15 escribirá en la URL "?page=2" y se vería así:

```
http://escuela.test/cursos?page=2
```

Si lo que quiere es mostrar solo 10 registros pasará el número 10 como parámetro.

```
$cursos = Curso::paginate(10);
```

Ahora, para crear los links a cada página de registros, deberá ir al frontend, es decir abrir, al archivo "index.blade.php", y justo después de cerrar el bucle "foreach" y después de cerrar el "li" escriba lo siguiente:

```
{{ $cursos->links() }}
```

Ahora vea que salen los links del paginado, pero se ven mal, esto es porque por default se establecen los estilos de Tailwind CSS, así que habría que poner el cdn si es que quiere trabajar con el framework Tailwind CSS.

Para probar lo que hará pondrá el cdn de Tailwind, así que vaya a la página oficial, copie el cdn y péguelo dentro del header de su archivo principal, es deci,r cn el archivo "plantilla.blade.php", ahora la paginación se verá mucho mejor.

Después de comprobarlo quite de nuevo el link cdn del "tailwindcss" para continuar con los ejercicios.

Ahora verá cómo crear un enlace para que le redirija a la página "crear curso".

Lo primero que hará será abrir el archivo "web.php", que se encuentra dentro de la carpeta "routes", y donde tiene las rutas va a añadir un método "name()", con este método definirá las URL por un nombre identificativo. Así que ahora escribirá:

```
Route::controller(CursoController::class)->group(function(){
    Route::get('cursos', 'index')->name('cursos.index');
```

```
    Route::get('cursos/create', 'create')->name('cursos.create');
    Route::get('cursos/{curso}', 'show')->name('cursos.show');
});
```

Después de definir el nombre de cada ruta vaya de nuevo al archivo "index.blade.php" y justo debajo del título "h1" escriba:

```
<a href="{{ route('cursos.create') }}">Crear Curso</a>
```

La página ahora se verá así:

Si hace clic en el enlace le redirigirá a la página "cursos/create".

Imagine ahora que quiere cambiar el slug, es decir, el nombre de la URL lo quiere modificar sin que afecte a la redirección de las páginas, por ejemplo, en vez de que la URL sea "cursos/create" ahora sea "courses/create", solo bastará con ir al archivo "web.php" y cambiar el nombre de la ruta o slug.

```
Route::get('courses/create', 'create')-
>name('cursos.create');
```

Después de esto guare los cambios y refresque de nuevo el frontend, vuelva a hacer clic en el enlace y ahora verá que el nombre del slug ha cambiado, pero la redirección es la misma, le sigue redirigiendo a la página de crear un curso.

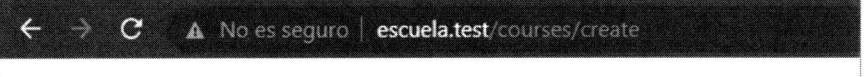

Después de haber probado esto vuelva a dejarlo como estaba antes. Ahora lo que hará será convertir en enlaces toda la lista de cursos, así que modificará la "li" que hay dentro del "foreach":

```
<li><a href="{{ route('cursos.show', $curso->id) }}">{{
$curso->nombre }}</a></li>
```

Ahora, si guarda los cambios, verá que al clicar en algún curso de la lista le redirigirá a la página del curso mostrándole el id.

Ahora cambiará el parámetro curso que recibió en la ruta y en vez de curso pondrá "id", abra el archivo "web.php" que está dentro de la carpeta "routes" y escriba:

```
Route::get('cursos/{id}', 'show')-
>name('cursos.show');
```

Después de esto guarde los cambios y ahora vaya al controlador, aquí modificará el método "show" para que pueda recuperar el objeto o registro del curso con el "id", escriba lo siguiente:

```
public function show($id){

    $curso = Curso::find($id);
    return $curso;
    return view('cursos.show', ['curso' => $curso]);
}
```

Si guarda los cambios y ahora en el frontend selecciona algún curso verá que le devuelve un objeto con todos los datos del "curso id".

Ahora que comprobó que le devuelve el objeto y sabe que funciona puede comentar el "return" de la variable "curso" y guardar los cambios.

Después en el frontend debe ajustar algo más para que en la página del curso solo muestre el nombre del curso, ya que ahora mismo le mostraría todo el objeto. Así que abra el archivo "show.blade.php" y edite donde tiene la variable "$curso".

```
@extends('layouts.plantilla')

@section('title', 'Curso ' . $curso->nombre)

@section('content')
    <h1>Bienvenido al curso de: {{$curso->nombre}}</h1>
@endsection
```

Si guarda los cambios y refresca verá que ahora solo se muestra el nombre del curso, pero tiene disponibles todos los datos del objeto.

Para finalizar, debajo del "h1", donde tiene el título del curso, creará un enlace para volver a la página de los cursos.

```
@section('content')
    <h1>Bienvenido al curso de: {{$curso->nombre}}</h1>
    <p><a href="{{ route('cursos.index') }}">Volver a cursos</a></p>
@endsection
```

Guarde los cambios y refresque, ahora verá que al hacer clic en este nuevo enlace le retornará a la página de cursos.

## 6.2.  Agregar registros desde un formulario

Creará el formulario para actualizar los registros de los cursos, para ello abrirá el archivo "create.blade.php", que se encuentra en la ruta:

```
resources/views/cursos
```

En este archivo, dentro del "section" y justo debajo del "h1", escribirá lo siguiente:

```
<!--Form cursos-->
<form action="">
    <div class="formInput">
        <label for="nombre">Nombre: </label>
        <input type="text" name="nombre" value="">
    </div>
    <div class="formInput">
        <label for="descripción">Descripción: </label>
        <textarea name="descripcion" rows="5"></textarea>
    </div>
    <div class="formInput">
        <label for="categoria">Categoria: </label>
        <input type="text" name="categoria" value="">
    </div>
</form>
```

Para darle un poquito de estilos CSS a este formulario en este mismo archivo, y debajo del "section", escribirá:

```
<style>
  .formInput{
    width: 400px;
    margin: 20px 0;
  }
  .formInput label{
    display: block;
    margin-bottom: 10px;
    width: 100%;
  }
  .formInput input,
  .formInput textarea
  {
    width: 100%;
  }

</style>
```

Ahora cree una nueva ruta para pasar los datos al formulario a través de un método "post", para ello abra el archivo "web.php" y justo debajo de la ruta "cursos/create" escriba:

```
Route::post('cursos', 'dataFormCursos')-
>name('cursos.dataFormCursos');
```

Ahora el grupo de rutas se verá así:

```
Route::controller(CursoController::class)->group(function(){
  Route::get('cursos', 'index')->name('cursos.index');
  Route::get('cursos/create', 'create')->name('cursos.create');
  Route::post('cursos', 'dataFormCursos')->name('cursos.dataFormCursos');
  Route::get('cursos/{id}', 'show')->name('cursos.show');
});
```

Ahora guarde los cambios y abra el archivo "CursoController.php", justo debajo del método "create" va a crear el nuevo método "dataFormCursos()".

```
public function dataFormCursos(){

}
```

Ahora debe añadirlo a la nueva ruta que creó en el controlador a su formulario, recuerde que hay dos rutas, que son "cursos", una es con método "get", y la que ha creado ahora es con el método "post", así que en el formulario escriba lo siguiente:

```
<form action="{{ route('cursos.dataFormCursos') }}"
method="POST">
```

Obsérvese que está pasando el nombre de la ruta y el método "post", este método "post" es el mismo con el que creó la ruta "cursos", y que apunta al método "dataFormCursos()". Ahora creará un botón de tipo "submit", este botón ira dentro del formulario y justo antes de cerrar la etiqueta "form".

```
<div class="formInput">
   <button type="submit">Enviar</button>
</div>
```

Después de esto guarde los cambios y pruebe a enviar el formulario, verá que le aparece un error 419, este error aparece porque Laravel tiene un sistema de verificación de autenticación y cada vez que envía datos a través de un formulario se debe introducir el token "CSRF".

Así que Laravel en su documentación dice lo siguiente:

Recuerde, cualquier formulario HTML que apunte a POST, PUT, PATCH o DELETE, rutas definidas en el web archivo de rutas, debe incluir un campo de token CSRF. De lo contrario, la solicitud será rechazada.

https://laravel.com/docs/10.x/csrf

Sabiendo esto dentro del formulario pondrá lo siguiente:

```
@csrf
```

Ahora el código completo del formulario debería verse así:

```html
<!--Form cursos-->
<form action="{{ route('cursos.dataFormCursos') }}" method="POST">
  @csrf
  <div class="formInput">
    <label for="nombre">Nombre: </label>
    <input type="text" name="nombre" value="">
  </div>
  <div class="formInput">
    <label for="descripción">Descripción: </label>
    <textarea name="descripcion" rows="5"></textarea>
  </div>
  <div class="formInput">
    <label for="categoria">Categoria: </label>
    <input type="text" name="categoria" value="">
  </div>
  <div class="formInput">
    <button type="submit">Enviar</button>
  </div>
</form>
```

Ahora debe recuperar los datos del formulario en el método "dataFormCursos()" que tiene en el controlador, pasará la clase "Request" y la variable donde se almacenan los datos recibidos.

```php
public function dataFormCursos(Request $request){
    return $request;
}
```

Ahora guarde los cambios y pruebe el formulario, el resultado será que debería ver un objeto con los datos insertados en el formulario.

```
{
    _token: "CkwBuuZ6hs7KmBlHnO4nBU1xW4AShgAda8AbltXn",
    nombre: "Laravel",
    descripcion: "este es un curso de prueba",
    categoria: "php"
}
```

Ahora verá cómo se introducirían estos datos a la tabla "cursos" de su base de datos, para ello vuelva al método "dataFormCursos()", elimine el "return" y escriba lo siguiente:

```
public function dataFormCursos(Request $request){

    $curso = new Curso();

    $curso->nombre       = $request->nombre;
    $curso->descripcion  = $request->descripcion;
    $curso->categoria    = $request->categoria;

    $curso->save();

}
```

Después de esto guarde los cambios y vuelva al formulario. Rellene los campos para crear un nuevo registro, después de hacer clic en enviar verá que se creará un nuevo registro en la base de datos.

Bien, ahora debería tener en cuenta dos puntos muy importantes, que son:

1) Redireccionar al usuario después de crear un nuevo registro.
2) Mostrar el ultimo registro insertado al cargar la vista de cursos.

Para mostrar el último registro en la vista de cursos abrirá el controlador "CursoController.php" y modificará el método "index()", utilizará el método "orderBy()" para ordenar la paginación.

```
public function index(){

  $cursos = Curso::orderBy('id', 'desc')->paginate(10);

  return view('cursos.index', compact('cursos'));
}
```

Ahora, para que después de guardarse un registro se le redirija a la página del curso que ha creado, añada la siguiente línea de código al método "dataFormCursos()".

```
//redirect
return redirect()->route('cursos.show', $curso->id);
```

Ahora el método debería verse así:

```
public function dataFormCursos(Request $request){

  $curso = new Curso();

  $curso->nombre       = $request->nombre;
  $curso->descripcion   = $request->descripcion;
  $curso->categoria     = $request->categoria;

  $curso->save();

  //redirect
  return redirect()->route('cursos.show', $curso->id);

}
```

Después de esto guarde los cambios y pruebe a crear un nuevo curso, esto ahora deberá redirigirle directamente a la página del curso que ha acabado de crear.

## 6.3. Editar y actualizar registros desde un formulario

Para actualizar un registro lo primero que hará será crear una página que le permita gestionar la edición del curso, así que creará una nueva ruta, que será "edit". Para ello abra el archivo "web.php", que se encuentra dentro de la carpeta "routes", y debajo de la ruta "show" escriba:

```
Route::get('cursos/{id}/edit', 'edit')-
>name('cursos.edit');
```

Después de esto se dirigirá al archivo "show.blade.php", que está en la ruta "views/cursos/", aquí añadirá un enlace para redirigir a la página "edit", y también añadirá información del curso.

```
<p>Nombre del curso: {{ $curso->nombre }}</p>
<p>Descripción del curso: {{ $curso->descripcion }}</p>
<p>Categoria del curso: {{ $curso->categoria }}</p>

<p><a href="{{ route('cursos.edit', $curso->id) }}">Editar el curso</a></p>
```

**NOTA IMPORTANTE:**

Es importante fijarse que en la ruta debe pasar un segundo parámetro, que es el id del objeto, o sea el id del curso.

Como puede ver ha añadido unos párrafos con la información del curso y al final el enlace. El código de este archivo debe estar así:

```
@extends('layouts.plantilla')

@section('title', 'Curso ' . $curso->nombre)

@section('content')

    <h1>Bienvenido al curso de: {{$curso->nombre}}</h1>

    <p><a href="{{ route('cursos.index') }}">Volver a cursos</a></p>
```

```
<p>Nombre del curso: {{ $curso->nombre }}</p>
<p>Descripción del curso: {{ $curso->descripcion }}</p>
<p>Categoria del curso: {{ $curso->categoria }}</p>

<p><a href="{{ route('cursos.edit', $curso->id) }}">Editar el curso</a></p>
```

@endsection

Ahora, si hace clic en el enlace de editar el curso, le debería salir un error.

BadMethodCallException                                    PHP 8.1.10   9.30.1

Method App\Http\Controllers\CursoController::edit does not exist.

**Bad Method Call**

Did you mean App\Http\Controllers\CursoController::dispatch() ?

Este error se produce cuando aún no ha creado el método "edit()" en su controlador, ahora el siguiente paso será abrir el archivo "CursoController.php", y debajo del método show escribiremos:

```
public function edit($id){

    $curso = Curso::find($id);
    return $curso;

}
```

Con este return testeará que en la vista se devuelve el objeto "id" que va a editar.

```
←   →   C   ⚠ No es seguro | escuela.test/cursos/52/edit

{
    id: 52,
    nombre: "Javascript",
    descripcion: "Descripción de prueba de laravel",
    categoria: "Javascript",
    created_at: "2022-12-10T18:24:18.000000Z",
    updated_at: "2022-12-10T18:24:18.000000Z"
}
```

Después de comprobarlo elimine el "return" "$curso" y ponga un nuevo "return", que apuntará a la vista.

```
return view('cursos.edit', compact('curso'));
```

El método "edit" ahora debe verse así:

```
public function edit($id){

    $curso = Curso::find($id);
    return view('cursos.edit', compact('curso'));

}
```

Ahora cree el archivo de la vista, vaya a la carpeta "cursos", que se encuentra en "views/cursos/", y cree el archivo "edit.blade.php". Una vez creado, ponga el mismo código del archivo "create.blade.php", haga una copia y pegue para después editarlos un poco. El código del archivo "edit" quedará así:

```
@extends('layouts.plantilla')

@section('title', 'Cursos edit')

@section('content')
    <h1>En esta página se podrá editar un curso</h1>

    <!--Form cursos-->
```

```
<form action="{{ route('cursos.dataFormCursos') }}" method="POST">
  @csrf
  <div class="formInput">
    <label for="nombre">Nombre: </label>
    <input type="text" name="nombre" value="{{ $curso->nombre }}">
  </div>
  <div class="formInput">
    <label for="descripción">Descripción: </label>
    <textarea name="descripcion" rows="5">{{ $curso->descripcion
}}</textarea>
  </div>
  <div class="formInput">
    <label for="categoria">Categoria: </label>
    <input type="text" name="categoria" value="{{ $curso->categoria }}">
  </div>
  <div class="formInput">
    <button type="submit">Actualizar Curso</button>
  </div>
</form>

@endsection

<style>
  .formInput{
    width: 400px;
    margin: 20px 0;
  }
  .formInput label{
    display: block;
    margin-bottom: 10px;
    width: 100%;
  }
  .formInput input,
  .formInput textarea
  {
    width: 100%;
  }

</style>
```

Obsérvese que ha cambiado el título, el "h1" que hay en el content y el texto del botón.

También ha puesto el valor correspondiente en los campos del formulario.

Ahora, si elige algún curso, verá que sus datos se muestran en el formulario. El siguiente paso será crear la ruta que utilizará para el formulario, para ello abrirá el archivo "web.php" y escribirá:

```
Route::put('cursos/{id}', 'update')-
>name('cursos.update');
```

**NOTA IMPORTANTE:**

El método "PUT" en Laravel se utiliza para actualizar un recurso en particular en la base de datos. Por ejemplo, si quiere actualizar un registro en una tabla de la base de datos, puede usar el método "PUT" para enviar los datos del registro actualizado al servidor, que luego los guardará en la base de datos.

Obsérvese que en esta ocasión al crear la ruta utiliza el método "PUT", ahora abrirá el archivo "edit.blade.php", y la ruta que debe poner en el formulario será la siguiente:

```
{{ route('cursos.update', $curso->id) }}
```

Ahora en el método del formulario dejará "POST", y para que esto encaje con la ruta que creó utilizando el método "put()" deberá poner una directiva dentro del formulario, justo debajo de la directiva "CSRF" escribirá:

```
@csrf
```

```
@method('PUT')
```

Al escribir la directiva "@method()", y pasándole "put", Laravel entenderá que estamos haciendo referencia a la ruta con el método "put()". Laravel también le ofrece la opción de pasar el token y el método a través de input ocultos de esta forma:

```
<form action="/example" method="POST">
  <input type="hidden" name="_method" value="PUT">
  <input type="hidden" name="_token" value="{{ csrf_token() }}">
</form>
```

Después de esto creará el método "update" en el controlador.

```
public function update(Request $request, $id){

    $curso = Curso::find($id);
    return $request->all();

}
```

En este método está recibiendo los datos del formulario y el id del curso. Si hace clic en el botón de actualizar podrá ver un objeto que le devuelve esos datos.

Ahora pase los datos a actualizar, el método "update" quedaría así:

```
public function update(Request $request, $id){

  $curso = Curso::find($id);

  $curso->nombre      = $request->nombre;
  $curso->descripcion  = $request->descripcion;
  $curso->categoria   = $request->categoria;

  $curso->save();
  // return $curso;
```

```
//redirect
return redirect()->route('cursos.show', $curso->id);
```

```
}
```

Ahora guarde los cambios y con esto ya deberían actualizarse sus registros, también fíjese en que después de actualizar los registros le redirigirá a la vista del curso.

## 6.4. Validar formularios en Laravel

Antes de ver cómo validar los formularios debe tener en cuenta que los campos o columnas que creó para la tabla "cursos", y cualquier otra tabla por default, son campos que no pueden estar nulos, es decir, no pueden estar vacíos a menos que les pasemos la propiedad "nullable()".

Si va a crear un curso y deja los campos vacíos al hacer clic en el botón de enviar le saldrá lo siguiente.

```
Illuminate \ Database \ QueryException

SQLSTATE[23000]: Integrity constraint violation: 1048 Column 'nombre' cannot be null

INSERT INTO `cursos` (`nombre`, `descripcion`, `categoria`, `updated_at`, `created_at`) VALUES (?, ?, ?,
```

Por esto debe validar los formularios, así que lo primero que hará será abrir el archivo "CursoController.php", y dentro del método "dataFormCursos()", y antes de crear la instancia "$curso", escribirá:

```
//Request validate
$request->validate([
    'nombre'      => 'required',
    'descripcion' => 'required',
    'categoria'   => 'required'
]);
```

Con esto, al intentar crear un curso, detectará si los campos están vacíos o no, y si alguno de los campos está vacío el flujo del código se detendrá y retornará el formulario.

Ahora imagine que no ha rellenado un campo y le retornará al formulario, debe lanzar un mensaje que le diga en qué campo o campos se ha producido el error, para ello utilizará la directiva "error".

```
@error('nombre')

@enderror
```

En esta directiva pasará el nombre que ha puesto en la etiqueta "name" de cada input, es decir, para nuestro formulario pondrá tres directivas:

- "nombre"
- "descripción"
- "categoría"

Para ello abrirá el archivo "create.blade.php" y, debajo de cada uno de los inputs, pondrá una directiva. Fíjese en que la directiva tiene una etiqueta de apertura y otra de cierre. En medio será donde imprimirá el mensaje, para ello escribirá:

```
{{$message}}
```

El código del formulario para crear un curso ahora se verá así:

```html
<!--Form cursos-->
<form action="{{ route('cursos.dataFormCursos') }}" method="POST">
  @csrf
  <div class="formInput">
    <label for="nombre">Nombre: </label>
    <input type="text" name="nombre" value="">
    @error('nombre')
      <small><b>*{{ $message }}</b></small>
    @enderror
  </div>
  <div class="formInput">
```

```
      <label for="descripción">Descripción: </label>
      <textarea name="descripcion" rows="5"></textarea>
      @error('descripcion')
         <small><b>*{{ $message }}</b></small>
      @enderror
   </div>
   <div class="formInput">
      <label for="categoria">Categoria: </label>
      <input type="text" name="categoria" value="">
      @error('categoria')
         <small><b>*{{ $message }}</b></small>
      @enderror
   </div>
   <div class="formInput">
      <button type="submit">Enviar</button>
   </div>
</form>
```

Ahora, si va al formulario y prueba a dejar un campo vacío, verá que sale el mensaje de error.

El problema ahora es que estos mensajes salen en inglés, para solucionar esto debe ir a la carpeta donde están todos los archivos de las traducciones, esta es la carpeta "lang", que se encuentra en la raíz de su proyecto.

**NOTA IMPORTANTE:**

Esta carpeta "Lang" se podrá ver en la raíz de su proyecto hasta la versión 9.0 de Laravel, en caso de ser la versión 10.0 en adelante deberá introducir un comando en la terminal para que aparezca la carpeta "Lang", el comando es el siguiente:

```
php artisan lang:publish
```

Dentro de esta carpeta "Lang" verá otra carpeta, "en", aquí encontrará varios archivos donde se almacenan varios mensajes.

El archivo que le interesa es el "validation.php", dentro verá un array bastante extenso y en él un índice "required".

```
'required' => 'The :attribute field is required.',
```

Esta línea de código con el índice "required" es el mensaje predefinido que se muestra en el mensaje de error.

La comunidad de Laravel ya tiene estos archivos traducidos al español, y esto lo encontrará en la siguiente página de GitHub.

https://github.com/Laraveles/spanish

Descargue el repositorio y en la ruta: "resources/Lang" verá la carpeta "es", córtela y péguela dentro de la carpeta "lang" de nuestro proyecto.

Verá que están los mismos archivos en las dos carpetas, la diferencia es que ahora una está en inglés y la otra en español. También puede encontrar esta carpeta aquí:

https://newtheme.eu/laravel/es.zip

Después de esto debe ir a la carpeta "config", que se encuentra en la raíz de su proyecto, y abrir el archivo "app.php", aquí verá la siguiente línea de código:

```
'locale' => 'en',
```

Aquí cambiará el valor de "locale" a "es", después de esto guarde los cambios y ahora, al probar de nuevo el formulario, verá que el mensaje de error se muestra en español.

Nombre:

*El campo nombre es obligatorio.

Descripción:

*El campo descripcion es obligatorio.

Ahora si, por ejemplo, quiere cambiar el nombre de un atributo deberá abrir el archivo "validation.php" y al final, en el array "attributes", deberá poner el nombre del atributo y el valor con el que quiere que se muestre.

Por ejemplo, si quiere que al referirse al campo "descripción" lo muestre con acento y la primera letra en mayúscula pondrá:

```
'attributes' => [
    'descripcion' => 'Descripción'
],
```

Así podrá cambiar el texto en el mensaje a la hora de referirnos al nombre del atributo.

Edite los nombres que quiere mostrar para los tres mensajes de error.

```
'attributes' => [
    'descripcion'   => 'Descripción',
    'nombre'        => 'Nombre',
    'categoria'     => 'Categoría'
],
```

Después de esto guarde los cambios, y si hace una prueba verá que ahora el mensaje de error sale como lo ha configurado.

### 6.4.1. Cómo mantener la información del formulario

Ahora otro punto importante para tener en cuenta cuando envía el formulario es que, al generarse un error y retornar de nuevo el formulario, aparece el error, pero el formulario se queda limpio y se pierden los datos que se habían introducido en los campos.

Para mantener esta información Laravel utiliza el método "old()", este método almacenará la información del campo donde se llame.

Veamos cómo se utiliza este método, abra de nuevo el archivo "create.blade.php" y dentro del atributo "value" del input "name" ponga:

```
value="{{old('nombre')}}"
```

Ahora si prueba a enviar el formulario solo con el campo "name" verá como al retornar se mantienen los datos almacenados en el campo.

Haga lo mismo para los campos "descripción" y "categoría".

```
<!--Form cursos-->
<form action="{{ route('cursos.dataFormCursos') }}" method="POST">
  @csrf
  <div class="formInput">
    <label for="nombre">Nombre: </label>
    <input type="text" name="nombre" value="{{old('nombre')}}">
    @error('nombre')
      <small><b>*{{ $message }}</b></small>
    @enderror
  </div>
  <div class="formInput">
    <label for="descripción">Descripción: </label>
    <textarea name="descripcion" rows="5">{{old('descripcion')}}</textarea>
    @error('descripcion')
      <small><b>*{{ $message }}</b></small>
    @enderror
  </div>
  <div class="formInput">
    <label for="categoria">Categoria: </label>
    <input type="text" name="categoria" value="{{old('categoria')}}">
    @error('categoria')
      <small><b>*{{ $message }}</b></small>
    @enderror
```

```
    </div>
    <div class="formInput">
      <button type="submit">Enviar</button>
    </div>
</form>
```

Después de esto guarde los cambios y ahora el texto se almacenará en los campos, así, por ejemplo, si se tienen que rellenar 10 campos o más el usuario no tendrá que volver a escribir los datos en caso de que salte un error.

Ahora va a utilizar los métodos de validación para el formulario de editar un curso, esto le servirá para que, cuando edite el curso, no deje los campos nulos ni tampoco se pierda la información que ha editado.

Así que lo primero que hará será abrir el controlador "CursoController.php", que se encuentra en la ruta:

`app/Http/Controllers`

Ahora buscará el método "update()" y dentro pondrá:

```
//Request validate
$request->validate([
   'nombre'      => 'required',
   'descripcion'  => 'required',
   'categoria'    => 'required'
])
```

El método "update" ahora debería verse así:

```
public function update(Request $request, $id){

   //Request validate
   $request->validate([
      'nombre'      => 'required',
      'descripcion'  => 'required',
      'categoria'    => 'required'
   ]);
```

```
$curso = Curso::find($id);

$curso->nombre       = $request->nombre;
$curso->descripcion   = $request->descripcion;
$curso->categoria     = $request->categoria;

$curso->save();
// return $curso;

//redirect
return redirect()->route('cursos.show', $curso->id);

}
```

Después de esto guarde los cambios y ahora abra el archivo "edit.blade.php", y aquí pondrá las directivas para mostrar los mensajes de error en caso de dejarse un campo nulo y también utilizará la función o método "old()". El formulario quedará así:

```
<!--Form cursos-->
<form action="{{ route('cursos.update', $curso->id) }}" method="POST">
   @csrf
   @method('PUT')
   <div class="formInput">
      <label for="nombre">Nombre: </label>
      <input type="text" name="nombre" value="{{ old('nombre', $curso->nombre) }}">
      @error('nombre')
        <small><b>*{{ $message }}</b></small>
      @enderror
   </div>
   <div class="formInput">
      <label for="descripción">Descripción: </label>
      <textarea name="descripcion" rows="5">{{ old('nombre', $curso->descripcion) }}</textarea>
      @error('descripcion')
```

```
      <small><b>*{{ $message }}</b></small>
    @enderror
  </div>
  <div class="formInput">
    <label for="categoria">Categoria: </label>
    <input type="text" name="categoria" value="{{ old('nombre', $curso-
>categoria) }}">
    @error('categoria')
      <small><b>*{{ $message }}</b></small>
    @enderror
  </div>
  <div class="formInput">
    <button type="submit">Actualizar Curso</button>
  </div>
</form>
```

Fíjese en algo muy importante, al usar el método "old()" en el atributo "value" se pasará el valor que recuperó del objeto "$curso" como segundo parámetro.

```
value="{{ old('nombre', $curso->nombre) }}"
```

Así podrá mantener los datos de los cambios y mostrar los datos del registro.

Por último, también podrá añadir varias condiciones al momento de validar los campos en un formulario, por ejemplo, imagine que el nombre del curso sea de máximo 60 caracteres, lo que hará será poner una barra para separar cada regla de validación. Hará lo mismo para la descripción, pero aquí pondrá un mínimo de 100 caracteres.

Abra el controlador "CursoController.php" y dentro del método "dataFormCursos()" escriba:

```
//Request validate
$request->validate([
  'nombre'     => 'required | max:60',
  'descripcion'  => 'required | min: 100',
  'categoria'   => 'required'
]);
```

Si rellena el formulario y pone menos de 100 caracteres en la descripción verá que salta el segundo error de validación.

A medida que se van cumpliendo las reglas saltan a la siguiente. Para ver más reglas de validación puede consultar la documentación de Laravel en la siguiente URL:

https://laravel.com/docs/10.x/validation#available-validation-rules

## 6.5.  Métodos de validación de datos (Form Request)

Los Form Request le pueden ayudar a establecer una validación fuerte y eliminar esas líneas de código del controlador. Mantener esa capa que verifica si la petición cumple con todos los parámetros ayuda a que los datos pasen al controlador con los estándares correspondientes.

Ahora cree su primer archivo "request" para manejar las validaciones del formulario, aquí validará los datos que reciba en el método "dataFormCursos()". Así que en la consola escriba el siguiente comando:

```
php artisan make:request DataFormCursos
```

Fíjese en que pondrá el mismo nombre del método, lo único que la primera letra la pondrá en mayúscula.

Ahora en la ruta "app/Http/Request" encontrará el archivo que acaba de crear.

```
∨ Http
  > Controllers
  > Middleware
  ∨ Requests
    🐘 DataFormCursos.php
  🐘 Kernel.php
```

Dentro de este nuevo archivo encontrará una clase con dos métodos:

- "authorize()"
- "rules()"

El método "authorize()" se encarga de validar los permisos de su aplicación, por ejemplo, si tiene permisos como administradores puede pasar al siguiente método y esto retornará un valor boleano true. En cambio, si no tiene permisos retornará false, como de momento no está utilizando ninguna lógica de validación de usuarios en este método pondrá un "return true", así pasará al siguiente método "rules()".

```
public function authorize()
{
    return true;
}
```

**NOTA IMPORTANTE:**

Si no pone "true" en este método después le dará error al validar el formulario.

En el método "rules()" tendrá un "return" con un array vacío.

```
public function rules()
{
  return [
    //
  ];
}
```

Dentro de este array pondrá las reglas que tiene en el método "dataFormCursos()".

```
public function rules()
{
  return [
    'nombre'     => 'required | max:60',
    'descripcion'  => 'required | min: 100',
    'categoria'   => 'required'
  ];
}
```

Después de esto guarde los cambios y elimine todo el código de validación del método "dataFormCursos()".

```
//Request validate
$request->validate([
   'nombre'     => 'required | max:60',
   'descripcion'  => 'required | min: 100',
   'categoria'   => 'required'
]);
```

Después de ellminar esto guarde los cambios y ahora incluya el "request" que ha creado en el controlador, así que en la parte superior de su controlador escribirá:

```
use App\Http\Requests\DataFormCursos;
```

Después de esto pondrá en el método "dataFormCursos()" como primer parámetro el nombre de la clase que maneja el Form Request.

```
 public function dataFormCursos(DataFormCursos
$request){
```

Con esto ya tendría todo listo para que el método "rules()" de la clase "DataFormCursos" haga su trabajo de validación.

Si quiere personalizar aún más los atributos a la hora de mostrar el mensaje de error cree un nuevo método dentro de su "request", este método ha de llamarse "attributes".

```
public function attributes(){

  return [
    'nombre' => 'Nombre del Curso'
  ];

}
```

Dentro pondrá un "return" y un array con el índice de los nombres de los campos que quiere personalizar.

Después de esto guarde los cambios y vea que ahora aparece su mensaje de error con el atributo personalizado.

Por último, si lo que quiere es personalizar por completo el mensaje de error cree otro método, que se ha de llamar "messages()".

```
public function messages(){

  return [
    'descripcion.required' => 'El campo descripción no debe estar vacio',
    'categoria.required'   => 'El campo categoría no debe estar vacio'
  ];

}
```

Para cambiar el texto del mensaje debemos escribir el nombre del campo más un punto "." Y después del punto el nombre de la regla de validación, en este caso es "required".

## 6.6. La asignación masiva en Laravel

La asignación masiva en Laravel le permite guardar todos los campos de su formulario sin llenar de código su controlador, solo con una línea de código almacenará masivamente todos los campos de su formulario en la base de datos.

Como ejemplo imagine que en vez de escribir tres campos son treinta o cincuenta.

```
$curso = new Curso();

$curso->nombre        = $request->nombre;
$curso->descripcion   = $request->descripcion;
$curso->categoria     = $request->categoria;
```

Escribir 30 o 50 veces el mismo código sería un trabajo bastante tedioso, así que con solo poner una línea de código se podrían almacenar todos los campos que vienen por medio del "request".

Para optimizar el método "dataFormCursos()" de su controlador creará una sola variable "$curso", donde instanciará al modelo "Curso" y llamará a la propiedad "create()", escriba lo siguiente:

```
public function dataFormCursos(DataFormCursos $request){

    //return $request->all();
    $curso = Curso::create($request->all());

    //redirect
    return redirect()->route('cursos.show', $curso->id);

}
```

## NOTA IMPORTANTE:

En una sola variable debe llamar al método "create()" con la instancia del modelo "curso", así obtendrá directamente el id del curso al momento de crearlo y podrá pasarlo en la ruta al momento de hacer la redirección.

Otra cosa importante en la que debe fijarse es que está utilizando el método "create()" y el método "all()".

El método "create()" remplazará la función del método "save()", es decir, automáticamente guardará todo lo que venga por el "request" que recuperamos con el método "all()".

En el código podemos ver un "return" "$request->all()" que está comentado, si lo activa y prueba a crear un curso verá que le devuelve un objeto con todos los campos, incluido el token, esto guardará todos los campos a excepción del token, pues no existe una columna token en su tabla "cursos".

Si comenta de nuevo el "return" "$request->all()" y prueba a crear un nuevo curso verá que ahora se le muestra un error en la pantalla, este error se debe a un fallo de seguridad.

Este error le dice que debe añadir ['_token'] a la propiedad "fillable" que se asigna en el modelo "Curso". Esto es porque no está indicando qué campos han de añadirse en la asignación masiva, y cualquier usuario malicioso podría añadir campos al formulario y pasarlos a través del "request". Así que abra el archivo "Curso.php", que se encuentra en su carpeta "Models", y dentro de la clase "Curso" añada lo siguiente:

```
//Form inputs request
protected $fillable = ['nombre', 'descripcion',
'categoria'];
```

Con esto añadirá los campos permitidos que se pueden añadir a la base de datos.

También podría añadir todos los campos que vienen del "request" simplemente añadiendo un campo protegido, que es el campo "_token". Para ello comentará el "protected $fillable", y debajo escribirá:

```
protected $guarded = ['_token'];
```

Con la propiedad "$guarded" estará detallando los campos protegidos que recibió en el "request". Si prueba ahora verá que de esta manera también funcionará y se guardará el registro. Las dos formas son válidas, aunque la lista de campos o atributos que pasó con la propiedad "$fillable" es una lista más detallada de los atributos que debe recibir en el "request", así que comentará la propiedad "$guarded" y dejará la propiedad "$fillable".

### 6.6.1. ¿Cómo actualizar un registro utilizando la asignación masiva?

Para actualizar un registro utilizando la asignación masiva utilizará el método "update()" del modelo "Curso", así que en su archivo "CursoController.php" busque la función "update()".

public function update(Request $request, $id){

  //Request validate

```
$request->validate([
   'nombre'      => 'required',
   'descripcion'  => 'required',
   'categoria'    => 'required'
]);

$curso = Curso::find($id);

$curso->nombre       = $request->nombre;
$curso->descripcion   = $request->descripcion;
$curso->categoria     = $request->categoria;

$curso->save();
// return $curso;

//redirect
return redirect()->route('cursos.show', $curso->id);

}
```

Aquí eliminará las líneas de código donde introdujo los valores de los atributos al objeto "$curso", y ahora la función "update()" debería quedar así:

```
public function update(Request $request, $id){

   //Request validate
   $request->validate([
      'nombre'      => 'required',
      'descripcion'  => 'required',
      'categoria'    => 'required'
   ]);

   $curso = Curso::find($id);
   $curso->update($request->all());

   //redirect
   return redirect()->route('cursos.show', $curso->id);

}
```

Fíjese en que solo ha añadido una línea de código:

```
$curso->update($request->all());
```

Con esto se ahorrará poner uno a uno todos los atributos del formulario. Después de esto guarde los cambios y pruebe a actualizar algún curso, verá que funciona correctamente.

## 6.7. Eliminar registros de la base de datos

Para eliminar registros de la base de datos debe crear una ruta que lo gestione, para ello abra la carpeta "routes" y el archivo "web.php", en este archivo cree la ruta dentro del grupo de rutas para el controlador "CursoController()".

```
Route::delete('cursos/{id}', 'destroy')-
>name('cursos.destroy');
```

Obsérvese que esta ruta la está pasando dentro del método "delete()", y el nombre del método donde procesará esta consulta lo llamará "destroy" por convención de Laravel. De esta forma, podrá diferenciar las otras rutas que ha escrito anteriormente, así no habrá conflictos entre las rutas.

Recuerde que para actualizar un registro utiliza la misma ruta, pero utilizando el método "put()", esto es lo que recomienda Laravel, así entiende que quiere actualizar un registro.

La misma ruta la utiliza desde un enlace para mostrar un curso, pero utilizando el método "get()". Ahora debe crear el método "destroy()" en su archivo "CursoController.php", así que escriba lo siguiente:

```
public function destroy($id){

    $curso = Curso::find($id);
    $curso->delete();

}
```

Solo con apuntar al objeto y ejecutar el método "delete()" podrá eliminar el registro.

Ahora abra la carpeta "resources/views/cursos/" y seleccione el archivo "show.blade.php", dentro del archivo cree un botón de eliminar, este botón ha de ir dentro de un formulario y no en un enlace, así que dentro de la sección "content" al final escriba:

```
<form action="{{ route('cursos.destroy', $curso->id) }}" method="POST">
   @csrf
   @method('delete')
   <button type="submit">Eliminar Curso</button>
</form>
```

Fíjese en que al formulario le está pasando la directiva "@csrf" para crear el token, y también la directiva "@method" para indicar que la consulta es de tipo "delete".

Si prueba el nuevo botón verá que el curso se elimina, pero la página se queda en blanco, lo que debe hacer ahora es hacer una redirección después de eliminar el curso. Así que vuelva al controlador y dentro del método "destroy()" escriba el código para esta redirección, ahora quedará así:

```
public function destroy($id){

   $curso = Curso::find($id);
   $curso->delete();

   //redirect
   return redirect()->route('cursos.index');

}
```

Ahora, si vuelve a probar a eliminar, verá que le redirige a la vista de los cursos.

# MENÚ DE NAVEGACIÓN Y URL AMIGABLES

## 7.1. Cómo generar URL amigables en Laravel

Una URL puede llevar a un sitio web o a un archivo entre otros. La estructura de una URL suele ser la siguiente:

- Un protocolo, que puede ser http, https, entre otros.
- Un dominio, que en nuestro caso es "escuela".
- Una extensión de dominio ".test".
- Y un recurso, URL amigable.

### 7.1.1. Qué es una URL amigable

La URL amigable es una URL más fácil de comprender, tanto para los mecanismos de búsqueda como para quien accede al sitio web.

Para que una URL se considere amigable, debe entender de lo que trata la página solo con verla.

Este sería un ejemplo de una buena URL (URL ficticia):

http://www.escuela.com/cursos/como-crear-una-tienda-online-con-laravel-10

Esta URL ahora nos deja más claro sobre qué trata la página, así se construiría una URL amigable.

Al separar las palabras se usa un guion (-) y no otros signos de puntuación, como puntos o comas, ya que Google entiende el guion como un espacio, separando las palabras de forma adecuada.

Priorice también las letras minúsculas para hacerlas más limpias visualmente, y no use acentos ni caracteres que no son universales, como la eñe (ñ).

Para que una URL sea amigable, también debe ser lo más corta posible y contar siempre con la palabra clave relacionada con esa página. Esto ayuda tanto en el SEO como en la experiencia del usuario para saber si su página abordará el tema que se está buscando.

Ahora que sabe esto, para poder crear sus URL amigables cree una nueva columna en su tabla "cursos". Vaya al directorio "database/migrations" y abra el archivo "create_cursos_table".

Debajo del campo "nombre" cree el nuevo campo, que se llamará "slug", en este campo guardará el nombre del curso separado por guiones.

```
$table->string('slug');
```

Ahora el método "up" debe estar así:

```
public function up()
{
    Schema::create('cursos', function (Blueprint $table) {
        $table->id();
        $table->string('nombre');
        $table->string('slug');
        $table->text('descripcion');
        $table->text('categoria');
        $table->timestamps(); //create_at update_at

    });
}
```

Después abra el archivo "CursoFactory.php", que se encuentra dentro de la carpeta "factories", aquí también añadirá el "slug".

Ahora para poder crear el "slug" utilizará un "helper" de Laravel. Los "helpers" le ayudan a realizar ciertas operaciones en función de las tareas que encuentre comúnmente.

Se pueden representar a través de clases, o como funciones utilitarias, y están disponibles para su uso en todo su proyecto.

Para utilizar el "helper" en la parte superior del archivo "CursoFactory.php" escriba:

```
use Illuminate\Support\Str;
```

Ahora utilice la clase "Str" para llamar al método "slug()", justo debajo del nombre añada lo siguiente:

```
'slug' => Str::slug($this->faker->sentence(), '-'),
```

Ahora, si observa, verá que está creando una oración igual que en el campo "nombre", pero con el segundo parámetro está remplazando los espacios por guiones.

Ahora que está generando dos veces el nombre del curso será distinto en ambos campos. Así que cree una variable donde se ejecutará el método "sentence()", que crea la oración que utilizará para el nombre del curso, así el nombre almacenado será el mismo en ambos campos.

```
$nombre = $this->faker->sentence();
```

Ahora el método "definition()" debe estar así:

```
public function definition()
{
  $nombre = $this->faker->sentence();

  return [
    'nombre'    => $nombre, //una oración
    'slug'      => Str::slug($nombre, '-'),
```

```
    'descripcion'  => $this->faker->paragraph(), //un párrafo
    'categoria'    => $this->faker->randomElement([
      'Desarrollo Web',
      'Diseño Web'
    ])
  ];
}
```

Después de esto guarde los cambios y ahora refresque las migraciones y ejecute los seeders, para ello recuerde que en la consola debe escribir:

```
php artisan migrate:fresh --seed
```

Después de ejecutar el comando revise la tabla "cursos", compruebe que tiene la columna "slug".

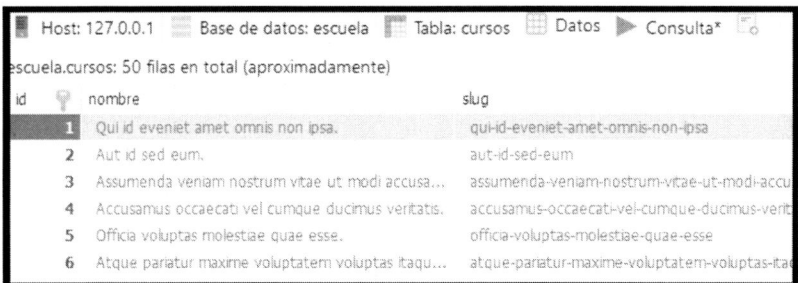

Ahora, para imprimir el "slug" en la URL del curso escriba en el "Modelo Curso" lo siguiente:

```
public function getRouteKeyName()
{
    return 'slug';
}
```

Esta función "getRouteKeyName()" se encuentra en el "Model.php" de Laravel, pero como no podrá modificar los archivos del framework, lo que hará es llamarla en su modelo y desde aquí la cambiará y retornará el slug.

Después de esto guarde los cambios y ahora abra el archivo "web.php", que se encuentra dentro de la carpeta "routes". En este archivo modificará la ruta "show" cambiando su parámetro "id" por "curso", ahora quedaría así:

```
Route::get('cursos/{curso}', 'show')-
>name('cursos.show');
```

Después abra el archivo "index.blade.php" y dentro del bucle "foreach" modificará la ruta, y, en vez de pasar el parámetro "$curso->id", pasará solo la variable "$curso", quedaría así:

```
<li><a href="{{ route('cursos.show', $curso) }}">{{
$curso->nombre }}</a></li>
```

Después de esto guarde los cambios, y ahora hará el último ajuste. Para ello abra el archivo "CursoController.php" y modifique el método "show()". Ahora se verá así:

```
public function show(Curso $curso){

  //$curso = Curso::find($id);
  //return $curso;
  return view('cursos.show', compact('curso'));
}
```

Como puede ver ahora está recibiendo directamente el objeto "curso" en el método "show()". De esta forma Laravel automáticamente recibe el "slug" como llave principal, si habilita el "return" "$curso", verá que al hacer clic en cualquier curso le retornará el objeto completo, pero en la URL pasará el "slug" en vez del "id".

## 7.2. Creando el menú de navegación

Para crear el menú de navegación de su sitio web abrirá el archivo "plantilla.blade.php", que se encuentra dentro de la carpeta "resources/views/layouts/", en este archivo, y justo antes del "content", escriba:

```html
<header>
  <nav>
    <div class="menu">
      <a href="/">Escuela</a>
      <div class="menu-items">
        <ul class="items">
          <li><a href="">Home</a></li>
          <li><a href="">Cursos</a></li>
          <li><a href="">Nosotros</a></li>
        </ul>
      </div>
    </div>
  </nav>
</header>
```

El código completo del archivo "plantilla.blade.php" ahora debería verse así:

```html
<!DOCTYPE html>
<html lang="en">
<head>
```

```html
    <meta charset="UTF-8">
    <meta http-equiv="X-UA-Compatible" content="IE=edge">
    <meta name="viewport" content="width=device-width, initial-scale=1.0">
    <title>@yield('title')</title>

</head>
<body>
    <header>
      <nav>
        <div class="menu">
          <a href="/">Escuela</a>
          <div class="menu-items">
            <ul class="items">
              <li><a href="">Home</a></li>
              <li><a href="">Cursos</a></li>
              <li><a href="">Nosotros</a></li>
            </ul>
          </div>
        </div>
      </nav>
    </header>
    @yield('content')
</body>
</html>
```

Ahora debe poner las rutas dentro del "href" para cada ítem del menú, así que para el home y para los cursos pondrá:

```
{{ route('home') }}
```

```
{{ route('cursos.index') }}
```

Los "li" quedarán así:

```html
<li><a href="{{ route('home') }}">Home</a></li>
<li><a href="{{ route('cursos.index') }}">Cursos</a></li>
```

Ahora si guarda los cambios y va al frontend para probar el menú verá que le sale un error.

```
Symfony \ Component \ Routing \ Exception \ RouteNotFoundException

Route [home] not defined.
```

Este error dice que la ruta home no está definida, así que abra el archivo "web.php" y en la ruta home añada el método "name()", ahora quedará así:

```
Route::get('/', HomeController::class)->name('home');
```

Si guarda los cambios y prueba de nuevo verá que ahora no aparece ningún error y el menú redirecciona bien.

Ahora en el mismo archivo "web.php", al final, creará la ruta para la vista de la página "nosotros". Al ser una página estática y no tener la necesidad de conectar con la base de datos utilizará directamente el método "view()", así que escriba lo siguiente:

```
//Page Nosotros
Route::view('nosotros', 'nosotros')->name('nosotros');
```

El método "view()" recibe dos parámetros, el primero es la URL y el segundo es el nombre que tendrá la vista. Pase también el método "name()" para darle el nombre a la ruta.

Ahora cree el archivo de la vista, este archivo lo creará en la raíz de la carpeta "views" y lo llamará "nosotros.blade.php". En este archivo escribirá lo siguiente:

```
@extends('layouts.plantilla')
```

```
@section('title', 'Nosotros')
```

```
@section('content')
<h1>Bienvenido a la página sobre nosotros</h1>
@endsection
```

Ahora abra de nuevo el archivo "plantilla.blade.php" y escriba la ruta para redirigir a la página "nosotros".

```
{{ route('nosotros') }}
```

Con esto ya tendrá los ítems del menú y sus respectivas rutas.

```
<ul class="items">
   <li><a href="{{ route('home') }}">Home</a></li>
   <li><a href="{{ route('cursos.index') }}">Cursos</a></li>
   <li><a href="{{ route('nosotros') }}">Nosotros</a></li>
</ul>
```

Ahora creará un "current-page" para saber en qué página se encuentra, esto puede hacerlo directamente con código PHP o con directivas de Blade. Con PHP, por ejemplo, dentro del archivo "plantilla.blade.php", y justo debajo del ítem "home", escriba lo siguiente:

```
<?php
   dump(request()->routeIs('home'));
?>
```

El menú estaría así:

```
<ul class="items">
   <li><a href="{{ route('home') }}">Home</a></li>
   <?php
     dump(request()->routeIs('home'));
   ?>
   <li><a href="{{ route('cursos.index') }}">Cursos</a></li>
   <li><a href="{{ route('nosotros') }}">Nosotros</a></li>
</ul>
```

Ahora en su frontend verá lo siguiente:

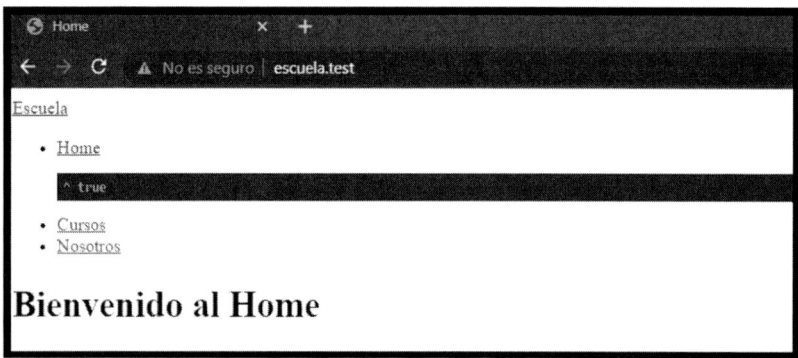

Si está en la página "home" verá que en la pantalla le saldrá un valor boleano true, pero si navega, por ejemplo, por la página de "nosotros" el valor boleano que aparecerá es false.

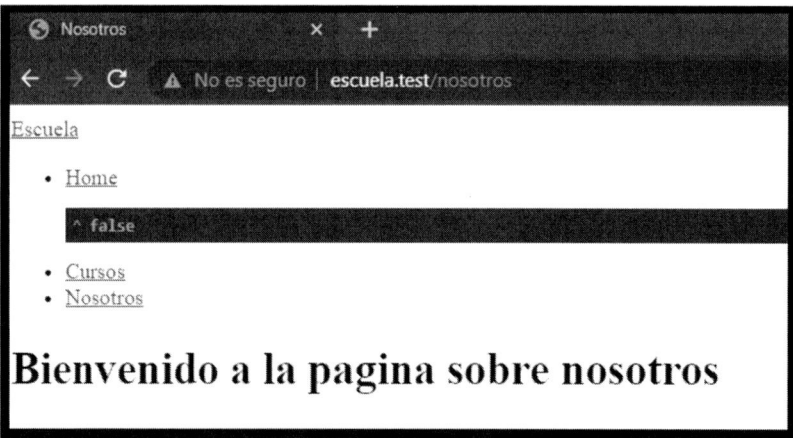

Es muy importante tener en cuenta que con el método "dump()" está recuperando lo que le devuelven los métodos "request()" y "routels()".

En Laravel hay dos funciones auxiliares para volcar el contenido de una variable y mostrarlo en pantalla, estos son el método "dd()" y el método "dump()".

**El método "dd()":**

Significa Dump and Die. El "dd()" es una función auxiliar para volcar el contenido de una variable al navegador. También detiene la ejecución del script. Es decir, muestra el contenido de la variable y se detiene.

**El método "dump()":**

Este método funciona igual que el método "dd()", pero no detiene la ejecución del script, el código que hay después sigue ejecutándose.

Ahora que tiene todo esto claro verá cómo utilizar la directiva de Blade "@dump()" para validar la página donde se encuentra. Utilizará la directiva de Blade dentro del "<li>" de cada ítem del menú, escriba lo siguiente:

```
<ul class="items">
  <li>
    <a href="{{ route('home') }}">Home</a>
    @dump(request()->routeIs('home'))
  </li>
  <li>
    <a href="{{ route('cursos.index') }}">Cursos</a>
    @dump(request()->routeIs('cursos.index'))
  </li>
  <li>
    <a href="{{ route('nosotros') }}">Nosotros</a>
    @dump(request()->routeIs('nosotros'))
  </li>
</ul>
```

Con esto validará si se encuentra en la página que está indicando, si es así obtendrá un true y si no obtendrá un false.

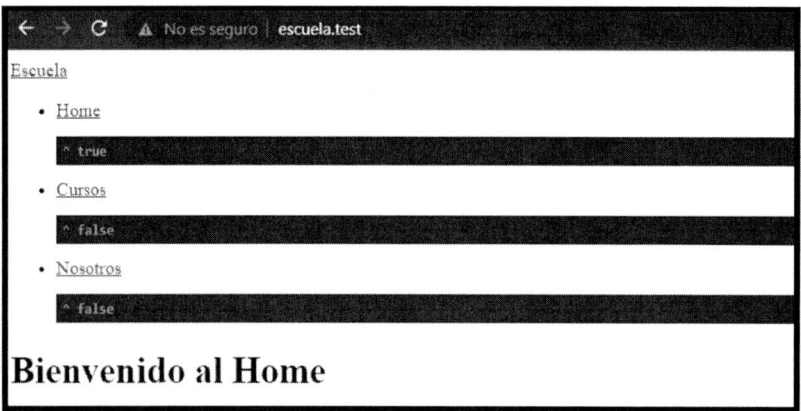

Ahora que ha visto la directiva de Blade y comprobó que esto funciona creará una clase para cada ítem y dentro un operador ternario, así que quitará el "@dump()" y ahora el menú quedaría así:

```
<ul class="items">
  <li>
    <a href="{{ route('home') }}" class="{{request()->routeIs('home') ? 'active' : ''}}">Home</a>
  </li>
  <li>
    <a href="{{ route('cursos.index') }}" class="{{request()->routeIs('cursos.index') ? 'active' : ''}}">Cursos</a>
  </li>
  <li>
    <a href="{{ route('nosotros') }}" class="{{request()->routeIs('nosotros') ? 'active' : ''}}">Nosotros</a>
  </li>
</ul>
```

Este sería el resultado final, así con la clase "active" en el ítem podrá resaltar con estilos CSS la página donde se encuentra navegando actualmente.

En este mismo archivo "plantilla.blade.php", justo antes de cerrar la etiqueta "<head>", creará una zona para añadir estilos CSS y resaltar el menú ítem.

```
<style>
  .active{
    color: green;
    font-weight: bold;
  }
</style>
```

Ahora guarde los cambios, y si va a su frontend verá como cada vez que navega por alguna de sus páginas se va resaltando en color verde el menú ítem de la barra de navegación.

## NOTA IMPORTANTE:

Si navega por algún curso verá que el menú ítem "cursos" no se resalta, para que el menú ítem de la categoría padre quede resaltado debe modificar la ruta "cursos.index" y escribir lo siguiente:

```
routeIs('cursos.*')
```

Aquí podrá ver que en vez de ".index" ha puesto ".*", un punto y asterisco, con esto está diciendo que será válido para todas las rutas hijas que están dentro de la categoría "cursos".

Para finalizar es muy importante que sepa modularizar el código, así que el código donde ha creado el header lo pondrá en otro archivo.

Primero abra la carpeta:

```
resources/views/layouts/
```

Dentro de la carpeta "layouts" cree otra carpeta o directorio, que es donde pondrá otros archivos que le ayudarán a la Modularización de su código, a esta nueva carpeta la llamará "partials", y dentro de esta carpeta "partials" creará el archivo "header.blade.php".

Después de esto cortará todo el header del archivo "plantilla.blade.php" y lo pegará dentro del archivo "header.blade.php". Ahora guarde los cambios y en el archivo "plantilla.blade" escriba la directiva de Blade "@include()", dentro de esto escribirá la ruta del archivo que quiera incluir.

La ruta empezará a partir de la carpeta "views", es decir, la carpeta "views" es la raíz, así que escribirá:

```
@include('layouts.partials.header')
```

El body del archivo "plantilla.blade.php" ahora deberá verse así:

```
<body>
   @include('layouts.partials.header')
   @yield('content')
</body>
```

Si guarda los cambios y va al frontend verá que el menú "header" se sigue viendo sin ningún problema.

Por último, va a añadir el footer, primero cree el archivo "footer.blade.php" dentro de la carpeta "partials", dentro de este nuevo archivo escriba un párrafo.

```
<footer>
   <p>Este es el footer</p>
</footer>
```

Después de esto guarde los cambios y dentro del body del archivo "plantilla.blade.php" incluya este nuevo archivo, ahora el body se verá así:

```
<body>
   @include('layouts.partials.header')
   @yield('content')
   @include('layouts.partials.footer')
</body>
```

Después de esto guarde los cambios, ahora también tendrá el footer modularizado dentro de la carpeta "partials".

# FORMULARIO DE CONTACTO Y ENVÍO DE CORREOS EN LARAVEL

## 8.1. Configuración y envío de correos en Laravel

Para enviar correos electrónicos en Laravel debe configurar los datos SMTP de su archivo "env" de Laravel para conectar con algún proveedor de servicios de correo electrónico, que por lo general es el que se le ofrece con nuestro servicio de hosting.

SMTP viene del inglés Simple Mail Transfer Protocol (Protocolo de Transferencia Simple de Correo).

Puede ver más acerca de la configuración de correos de Laravel en el siguiente enlace:

https://laravel.com/docs/10.x/mail#configuration

Aquí encontrará todo lo necesario para la introducción y la configuración del envío de emails.

Verá también que, adicional a la configuración SMTP para el envío de emails, también podrá conectarse por medio de APIS con otros servidores que le proporcionen el servicio de envío de emails como:

- Mailgun
- Postmark
- Amazon SES

Después de esta introducción empezará con la configuración, para ello abrirá el archivo "mail.php", que se encuentra dentro de la carpeta "config". Lo primero que verá será una línea de código con una constante, donde definirá el tipo de controlador que utilizará, sea por medio de "smtp" o "API".

```
'default' => env('MAIL_MAILER', 'smtp'),
```

Si no modifica esto, Laravel lo dejará por default como "smtp" en el archivo "env". Si abrimos el archivo "env" verá que aparece:

```
MAIL_MAILER=smtp
```

Lo dejará así, pues va a conectarse con un proveedor que tiene este protocolo, ahora continuará con la configuración.

Si vuelve al archivo "mail.php" verá un array:

```
mailers =>smtp
```

Para configurar las credenciales, las más relevantes serían por ejemplo:

- host
- port
- encription
- username
- password

Estas credenciales son las mismas que hay en el archivo "env".

Para configurar correctamente estas credenciales podrá utilizar un host de prueba que se llama "mailtrap", y si va al sitio web:

https://mailtrap.io/

Podrá crear una cuenta gratis y con esto ver los emails que envía desde su aplicación, esto no enviará ningún mail a ningún correo, pero sí podrá ver cómo quedan los correos que salen, pues Mailtrap intercepta estos correos que salen desde su aplicación y se lo muestra en su propia bandeja de entrada.

Después de crear su cuenta de Mailtrap entre al panel de administración.

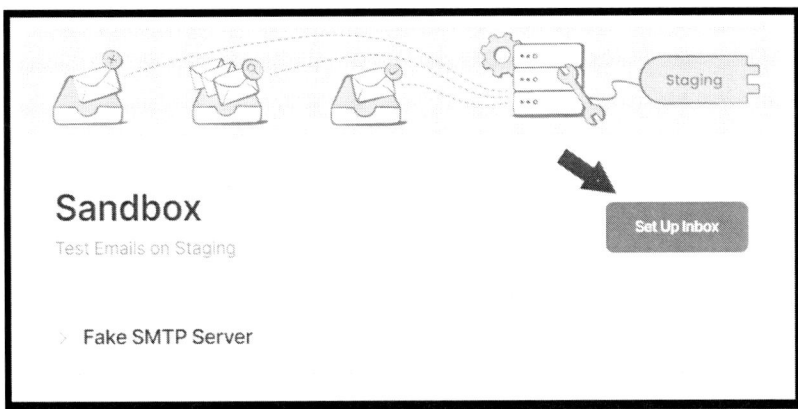

Aquí configurará una cuenta de correo para las pruebas de su proyecto. Haga clic en el botón "set Up Inbox" y después pondrá el tipo de integración.

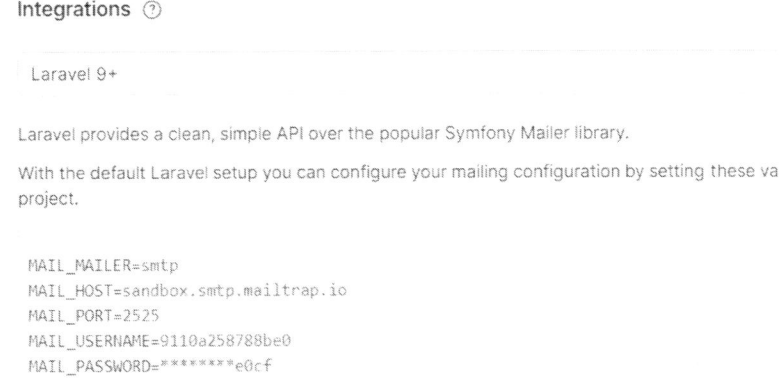

Aquí ya se mostrarían sus credenciales, ahora en la parte izquierda del panel de administración tendrá "Sandbox", y dentro el inboxes, que viene a ser su bandeja de entrada.

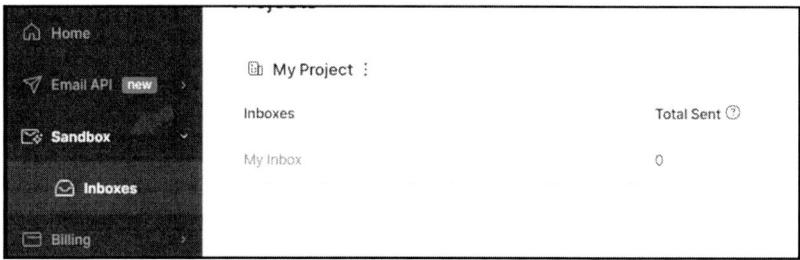

Podrá editar la bandeja de entrada y cambiarle el nombre si quiere.

Ahora tome los datos de las credenciales y póngalos en el archivo ".env" de su aplicación de Laravel.

Para ello haga clic en "My Inbox" y donde pone "integrations" elija la que ponga Laravel.

## Bandeja de entrada

| SMTP Settings | Email Address | Auto Forward | Manual Forward | Access I |
|---|---|---|---|---|

SMTP / POP3 ⑦   Reset Credentials ↻

Use these settings to send messages directly from your email client or mail transfer agent.

⚠ Don't disclose your username or password as this may result in your inbox getting filled up with spam

Hide Credentials ^

| SMTP | | POP3 | |
|---|---|---|---|
| Host: | sandbox.smtp.mailtrap.io | Host: | p |

Esto mostrará las credenciales que debe poner en el archivo ".env".

```
MAIL_MAILER=smtp
MAIL_HOST=smtp.mailtrap.io
MAIL_PORT=2525
MAIL_USERNAME=4c21a0a4e4ad73
MAIL_PASSWORD=883c071d2a7647
MAIL_ENCRYPTION=tls
```

Después de modificar el archivo ".env" se verá así:

MAIL_MAILER=smtp
MAIL_HOST=smtp.mailtrap.io
MAIL_PORT=2525
MAIL_USERNAME=4c21a0a4e4ad73
MAIL_PASSWORD=883c071d2a7647
MAIL_ENCRYPTION=tls


Ahora solo le queda modificar el:

```
MAIL_FROM_ADDRESS
```

Aquí pondrá el email del remitente, es decir, quién lo envía, pondrá un email corporativo que tenga para su aplicación, al ser esto un ejemplo ponga otro email para hacer la prueba.

```
MAIL_FROM_ADDRESS="info@newtheme.eu"
```

Ahora este email será el que aparezca como remitente, este será el que tiene preferencia y no el valor del "array()" que hay en el archivo "mail.php".

```
'from' => [
    'address' => env('MAIL_FROM_ADDRESS', 'hello@example.com'),
    'name' => env('MAIL_FROM_NAME', 'Example'),
  ],
```

Igualmente, con el nombre, aquí puede ver que pone "Example", pero en el archivo ". env" recupera el nombre de la aplicación. Puede poner el que desee.

Ahora que ya lo tiene todo configurado para enviar correos electrónicos el siguiente paso será crear un archivo "Mailable", para ello escribirá en la consola el comando:

```
php artisan make:mail ContactanosMailable
```

Después de ejecutar este comando verá que dentro de la carpeta "app" se crea una nueva carpeta o directorio llamado "Mail", y dentro encontrará el nuevo archivo "ContactanosMailable.php". En este archivo encontrará una clase que se extiende de la clase principal "Mailable".

En este nuevo archivo creará las propiedades para almacenar los datos que lleva un email, en concreto las propiedades que utilizará para el email de contacto. Por ejemplo, creará la propiedad "$subject", donde se almacenará el asunto del mensaje, esto lo pondrá antes del método "constructor".

```
//Asunto
public $subject = 'Información de Contacto';
```

Ahora más abajo verá los métodos:

- "__construct()"
- "envelope()"
- "content()"
- "attachments()"

El método "envelope()", que es donde pasará el asunto del mensaje "subject", y también podrá definir el remitente del correo, es decir, su correo de empresa. Esta es la directiva "from", pero usted ya la ha definido en el archivo ".env".

```
MAIL_FROM_ADDRESS="info@newtheme.eu"
```

Como puede ver en el siguiente trozo de código de la documentación de Laravel.

```
public function envelope(): Envelope
{
    return new Envelope(
        from: new Address('jeffrey@example.com', 'Jeffrey Way'),
        subject: 'Order Shipped',
    );
}
```

Ahora, en el método "envelope()", escriba lo siguiente:

```php
public function envelope(): Envelope
{
    return new Envelope(
        subject: $this->subject,
    );
}
```

Después tiene el método "content()", en este método definirá la vista donde construirá el email, así que escriba lo siguiente:

```php
public function content(): Content
{
    return new Content(
        view: 'emails.contactanos',
    );
}
```

Fíjese en que en la ruta está creando una carpeta "emails" y dentro el archivo "contactanos.blade.php".

Por último, el método "attachment()" servirá para agregar archivos adjuntos a la matriz devuelta por este mismo método.

Finalmente, el archivo "ContactanosMailable.php" quedaría así:

```php
<?php

namespace App\Mail;

use Illuminate\Bus\Queueable;
use Illuminate\Contracts\Queue\ShouldQueue;
use Illuminate\Mail\Mailable;
use Illuminate\Mail\Mailables\Content;
use Illuminate\Mail\Mailables\Envelope;
use Illuminate\Queue\SerializesModels;
```

```php
class ContactanosMailable extends Mailable
{
   use Queueable, SerializesModels;

   //Asunto
   public $subject = "información de Contacto";

   /**
    * Create a new message instance.
    */
   public function __construct()
   {
      //
   }

   /**
    * Get the message envelope.
    */
   public function envelope(): Envelope
   {
      return new Envelope(
         subject: $this->subject,
      );
   }

   /**
    * Get the message content definition.
    */
   public function content(): Content
   {
      return new Content(
         view: 'emails.contactanos',
      );
   }

   /**
    * Get the attachments for the message.
    *
```

```
 * @return array<int, \Illuminate\Mail\Mailables\Attachment>
 */
public function attachments(): array
{
    return [];
}
}
```

Después de esto guarde los cambios y cree la vista, para ello irá al directorio o carpeta "views", y dentro creará un nuevo directorio que llamará "emails". Dentro creará el archivo "contactanos.blade.php", en este archivo creará una estructura HTML y un mensaje de prueba para el email.

```
<!DOCTYPE html>
<html lang="en">
<head>
    <meta charset="UTF-8">
    <meta name="viewport" content="width=device-width, initial-scale=1.0">
    <meta http-equiv="X-UA-Compatible" content="ie=edge">
    <title>Document</title>
</head>
<body>
    <h3>Titulo del mansaje</h3>
    <p>Mensaje de prueba para el email de contacto</p>
</body>
</html>
```

Después de esto guarde los cambios y abra el archivo "web.php" para crear la ruta, pero, antes de esto, en la parte superior incluirá la clase que gestione el envío del email.

```
//Email
use App\Mail\ContactanosMailable;
```

Después de esto guarde los cambios y ahora, al final del archivo, cree la ruta:

```
//Email
Route::get('contactanos', function(){
```

```
    $correo = new ContactanosMailable;
    Mail::to('jhonja14795@gmail.com')->send($correo);
});
```

Como puede ver, dentro de esta ruta está instanciando con la clase que creó para el correo o email de contacto. Esta instancia la pondrá dentro de la variable "$correo", es decir, esta variable será el objeto del email de contacto.

En la segunda línea de código de la ruta utilice la clase "Mail" para llamar al método "to()", en este método pondrá el email a quien va dirigido el email, y con el método "send()" enviará el email.

Ponga al final un "return" con un mensaje para saber que el email ha sido enviado.

```
//Email
Route::get('contactanos', function(){
    $correo = new ContactanosMailable;
    Mail::to('jhonja14795@gmail.com')->send($correo);
    return "Mensaje Enviado";
});
```

Después de esto guarde los cambios y ahora, si en el navegador escribe la ruta:

```
http://escuela.test/contactanos
```

Verá que en la pantalla aparece el mensaje que le confirma que el email fue enviado.

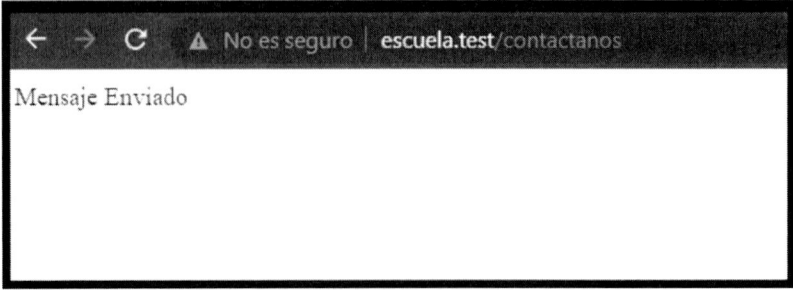

Ahora, si abrimos "Mailtrap" verá que tiene un mensaje en la bandeja de entrada.

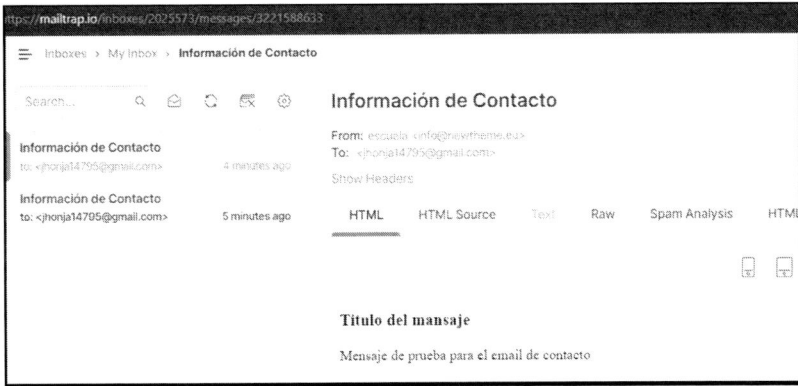

Puede maquetar el email a su gusto añadiendo estilos CSS y estructura HTML.

## 8.2. Creando un formulario para la página de contáctanos

Lo primero que hará para crear el formulario de contacto será crear el ítem del menú que le llevará a la página de contáctanos. Para ello abra el archivo "header.php", que está en la ruta:

```
resources/views/layouts/partials/
```

Añada el ítem del menú al "header":

```
<li>
  <a href="">Contáctanos</a>
</li>
```

Después de esto guarde los cambios y ahora abra el archivo "web.php" para poner el nombre que le dará a la ruta.

```
name('contactanos.index');
```

El código completo que manejará esta ruta se vería así:

```
//Email
Route::get('contactanos', function(){
    $correo = new ContactanosMailable;
    Mail::to('jhonja14795@gmail.com')->send($correo);
    return "Mensaje Enviado";
})->name('contactanos.index');
```

Ahora abra de nuevo el archivo "header.php" y ponga esta ruta en el ítem del menú que creó anteriormente.

```
<a href="{{ route('contactanos.index')
}}">Contáctanos</a>
```

Ahora cree un controlador para gestionar la ruta que tiene creada en el archivo "web.php". Así que escriba en la consola el comando:

```
php artisan make:controller ContactanosController
```

Ahora vaya a la ruta:

```
app/Http/Controllers/
```

Ahora abra el archivo "ContactanosController", aquí dentro creará dos métodos:

- "index()"
- "store()"

El método "index()" será el encargado de mostrarle el formulario.

El método "store()" será el encargado de procesar el formulario y enviar el correo electrónico.

Después de crear estos dos métodos en su nuevo controlador vuelva de nuevo al archivo "web.php" y corte las rutas que puso para gestionar el envío de los emails, y también corte el código que tenía dentro de la ruta "contactanos.index", y péguelo dentro del método "store()". De momento nuestro archivo "ContactanosController.php" debería estar así:

```php
<?php

namespace App\Http\Controllers;

use Illuminate\Http\Request;

//Email
use App\Mail\ContactanosMailable;
use Illuminate\Support\Facades\Mail;

class ContactanosController extends Controller
{
    public function index(){

    }

    public function store(){
        $correo = new ContactanosMailable;
        Mail::to('jhonja14795@gmail.com')->send($correo);
        return "Mensaje Enviado";
    }

}
```

Ahora vuelva al archivo "web.php" y ponga el controlador y el método que gestionará la vista de la ruta "contactanos.index", ahora deberá quedar así:

```php
//Email
Route::get('contactanos', [ContactanosController::class, 'index'])->name('contactanos.index');
```

**NOTA IMPORTANTE:**

No debe olvidar de colocar la ruta del controlador "ContactanosController" en la parte superior del archivo "web.php".

```php
use App\Http\Controllers\ContactanosController;
```

El código completo del archivo "web.php" de momento debe verse así:

```php
<?php

use Illuminate\Support\Facades\Route;
use App\Http\Controllers\HomeController;
use App\Http\Controllers\CursoController;
use App\Http\Controllers\ContactanosController;


/*
|--------------------------------------------------------------------------
| Web Routes
|--------------------------------------------------------------------------
|
| Here is where you can register web routes for your application. These
| routes are loaded by the RouteServiceProvider within a group which
| contains the "web" middleware group. Now create something great!
|
*/

Route::get('/', HomeController::class)->name('home');

Route::controller(CursoController::class)->group(function(){
    Route::get('cursos', 'index')->name('cursos.index');
    Route::get('cursos/create', 'create')->name('cursos.create');
    Route::post('cursos', 'dataFormCursos')->name('cursos.dataFormCursos');
    Route::get('cursos/{curso}', 'show')->name('cursos.show');
    Route::get('cursos/{id}/edit', 'edit')->name('cursos.edit');
    Route::put('cursos/{id}', 'update')->name('cursos.update');
    Route::delete('cursos/{id}', 'destroy')->name('cursos.destroy');
});

//Page Nosotros
Route::view('nosotros', 'nosotros')->name('nosotros');

//Email
Route::get('contactanos', [ContactanosController::class, 'index'])->name('contactanos.index');
```

Ahora volvemos a nuestro archivo "ContactanosController.php" y en el método index() retornaremos la vista.

```
public function index(){
   return view('contactanos.index');
}
```

Ahora cree el archivo de esta vista, para ello vaya a la ruta:

```
resources/views/
```

Y dentro de la carpeta "views" cree una nueva carpeta o directorio que llamará "contactanos", dentro de esta nueva carpeta cree el archivo "index.blade.php", y en este archivo escribirá lo siguiente:

```
@extends('layouts.plantilla')

@section('title', 'Contactanos')

@section('content')
<h1>Bienvenido a contactanos</h1>
@endsection
```

Ahora, si va a au frontend, verá que al hacer clic cn cl ítem de menú "Contactanos" le mostrará el mensaje "Bienvenido a contactanos".

Ahora recuerde que para que su ítem del menú "Contactanos" esté resaltado debe poner la clase "active" como lo hizo anteriormente con el resto de los ítems del menú. Así que abra el archivo "header.php" y añada la clase:

```
<a href="{{ route('contactanos.index') }}" class="{{request()->routeIs('contactanos.index') ? 'active' : ''}}">Contáctanos</a>
```

Ahora cree el formulario de contacto, para ello vaya al archivo "index.blade.php", y dentro del "content" escriba:

```
<h1>Bienvenido a contactanos</h1>
<!--Form-->
<form action="" method="post">
  <div class="formInput">
    <label for="nombre">Nombre: </label>
    <input type="text" name="nombre">
  </div>
  <div class="formInput">
    <label for="correo">Correo: </label>
    <input type="text" name="email">
  </div>
  <div class="formInput">
    <label for="mensaje">Mensaje: </label>
    <textarea name="mensaje" rows="5"></textarea>

  </div>
  <div class="formInput">
    <button type="submit">Enviar Mensaje</button>
  </div>
</form>
```

Ahora, fuera del section "content", pondrá unos estilos CSS.

```
<style>
  .formInput{
    width: 400px;
    margin: 20px 0;
```

```
    }
    .formInput label{
        display: block;
        margin-bottom: 10px;
        width: 100%;
    }
    .formInput input,
    .formInput textarea
    {
        width: 100%;
    }
```

</style>

Después de esto guarde los cambios, si revisa el frontend ahora podrá ver el formulario de contacto.

El siguiente paso será recibir esos datos del formulario, recuerde que para ello utilizará el método "store()" del controlador "ContactanosController", así que creará la ruta. Para ello abra el archivo "web.php", que está dentro de la carpeta o directorio "routes", y escriba:

Route::post('contactanos', [ContactanosController::class, 'store'])->name('contactanos.store');

Esto lo pondrá justo debajo de la otra ruta que gestiona la vista del formulario de contacto.

```
//Email
Route::get('contactanos', [ContactanosController::class, 'index'])->name('contactanos.index');
Route::post('contactanos', [ContactanosController::class, 'store'])->name('contactanos.store');
```

Ahora irá al archivo "index.blade.php", que se encuentra dentro de la carpeta de "contáctanos", y se asegurará de que el formulario tenga el método "post". También añadirá en el action la ruta:

```
{{ route('contactanos.store') }}
```

La primera línea o cabecera del formulario debería estar así:

```
<form action="{{ route('contactanos.store') }}"
method="post">
```

Ahora, justo debajo de esta línea, pondrá la directiva:

```
@csrf
```

Recuerde que así envía el token de seguridad para validar el formulario. Después de esto guarde los cambios y ahora vaya de nuevo al método "store()" para recibir el "request()". Compruebe que está recibiendo los datos, pase el "request()" y haga un "return" de ese "request", escribamos lo siguiente:

```
public function store(Request $request){
    return $request;
    // $correo = new ContactanosMailable;
    // Mail::to('jhonja14795@gmail.com')->send($correo);
    // return "Mensaje Enviado";
}
```

Ahora guarde los cambios, rellene el formulario de contacto y dele al botón de enviar, verá que le sale en la pantalla el objeto con los datos.

```
{
    _token: "wG2qBCMgp2uULQwAQGpY5SOMmqNRxy10CnjpSUuw",
    nombre: "jhon jairo",
    email: "jhonja14795@gmail.com",
    mensaje: "pruebaaaaa"
}
```

Ahora que ya lo ha probado utilice el método "all()" del "request".

```
$request->all()
```

Para pasar el objeto al método constructor de la clase "ContactanosMailable".

```
public function store(Request $request){

    $correo = new ContactanosMailable($request->all());
    Mail::to('jhonja14795@gmail.com')->send($correo);
    return "Mensaje Enviado";

}
```

Después de esto guarde los cambios y ahora, en el método constructor de la clase "ContactanosMailable", debe recibir los datos ($request->all()), así que vaya a la carpeta.

```
app/Mail/ContactanosMailable.php
```

Aquí cree una propiedad "$contacto".

```
//Data email

public $contacto;
```

Ahora en el método constructor pase una variable "$data_cmail", que recibirá los datos de contacto que envió desde el método "store()", así que escriba lo siguiente:

```
public function __construct($data_email)
{
    $this->contacto = $data_email;
}
```

Fíjese también en que estos datos los está pasando como valor a la propiedad "$contacto".

Ahora solo le queda ir a:

```
resources/views/emails/contactanos.blade.php
```

En este archivo pondrá los datos que recibió del email de contacto.

```
<p><b>Nombre: </b>{{$contacto['nombre']}}</p>
<p><b>Email: </b>{{$contacto['email']}}</p>
<p><b>Mensaje: </b>{{$contacto['mensaje']}}</p>
```

**NOTA IMPORTANTE:**

Recuerde que este archivo es donde maquetó el email que visualiza el usuario al que le llega el email.

El archivo "contactanos.blade.php" ahora debería verse así:

```
<!DOCTYPE html>
<html lang="en">
<head>
  <meta charset="UTF-8">
  <meta name="viewport" content="width=device-width, initial-scale=1.0">
  <meta http-equiv="X-UA-Compatible" content="ie=edge">
  <title>Document</title>
</head>
<body>

  <h3>Titulo del mansaje</h3>
  <p>Mensaje de prueba para el email de contacto</p>
  <p><b>Nombre: </b>{{$contacto['nombre']}}</p>
  <p><b>Email: </b>{{$contacto['email']}}</p>
```

```
<p><b>Mensaje: </b>{{$contacto['mensaje']}}</p>

</body>
</html>
```

Después de esto guarde los cambios, ahora al probar a rellenar el formulario de contacto debería llegarle a la bandeja de entrada de su Mailtrap un correo con los datos de contacto.

## 8.3.  Validando los campos del formulario

Después de comprobar que el email se está enviando abra el archivo "ContactanosController.php", y dentro del método "store()" utilice el método "validate()" para validar los campos que recibió en la variable "$request".

```
$request->validate([
  'nombre'  => 'required',
  'email'   => 'required | email',
  'mensaje'  => 'required'

]);
```

Después de esto guarde los cambios, el método "store()" debería estar así:

```
public function store(Request $request){
```

```
$request->validate([
   'nombre'   => 'required',
   'email'    => 'required | email',
   'mensaje'  => 'required'

]);

$correo = new ContactanosMailable($request->all());
Mail::to('jhonja14795@gmail.com')->send($correo);
return "Mensaje Enviado";

}
```

Fíjese en que al email, aparte de que tiene un "required", le está pasando el tipo: email, recuerde que puede pasarle varios atributos a los campos del email, cada atributo separado por una barra ( | ).

Ahora abra el archivo "index.blade.php", donde tiene el formulario de contacto, y que se encuentra en la carpeta "contáctanos".

Dentro del formulario y debajo de cada campo pondrá la directiva "@error" para imprimir en la pantalla los posibles errores al rellenar el formulario de contacto. El formulario ahora se vería así:

```
<!--Form-->
<form action="{{ route('contactanos.store') }}" method="post">
   @csrf
   <div class="formInput">
      <label for="nombre">Nombre: </label>
      <input type="text" name="nombre">
      <br>
      @error('nombre')
         <p><b>{{$message}}</b></p>
      @enderror
   </div>
   <div class="formInput">
      <label for="correo">Correo: </label>
      <input type="text" name="email">
```

```
    <br>
    @error('email')
      <p><b>{{$message}}</b></p>
    @enderror
  </div>
  <div class="formInput">
    <label for="mensaje">Mensaje: </label>
    <textarea name="mensaje" rows="5"></textarea>
    <br>
    @error('mensaje')
      <p><b>{{$message}}</b></p>
    @enderror

  </div>
  <div class="formInput">
    <button type="submit">Enviar Mensaje</button>
  </div>
</form>
```

Ahora que ya tiene listo esto guarde los cambios y pruebe el formulario.

Si no rellenó ningún campo y hacemos clic en el botón de "Enviar mensaje" verá que salen los errores debajo de cada campo, este error le indica que el campo ha de rellenarse y es obligatorio.

Correo:

El campo email debe ser una dirección de correo válida.

Si rellena los campos e introduce mal el email le imprimirá el error en la pantalla indicándole que debe introducir un email válido.

Por último, hará que al enviar el formulario de contacto, en vez de redirigirle a una página con el texto de "mensaje enviado", le muestre una ventana emergente, es decir, un alert con el texto "Mensaje Enviado".

Para hacer esto cree un mensaje de sesión. Para crear este mensaje de sesión debe ir al método "store()" de nuestro controlador ("Contactanos"), y donde tiene el "return" pondrá lo siguiente:

return redirect()->route('contactanos.index')->with('MsgContacto', 'Mensaje Enviado');

Obsérvese que ha utilizado tres métodos, el método "redirect()" y el método "route()", trabajan juntos y lo que hacen es redirigirle de nuevo a la página donde tiene el formulario de contacto. El método "with()" es el método con el que creamos la sesión, y a este método se le han de pasar dos parámetros:

1. Nombre que quiere darle a la sesión.
2. El mensaje de la sesión.

Después de esto guarde los cambios, al final el método "store()" del controlador "Contactanos" debería quedar así:

public function store(Request $request){

    $request->validate([

```
   'nombre'   => 'required',
   'email'    => 'required | email',
   'mensaje'  => 'required'

  ]);

  $correo = new ContactanosMailable($request->all());
  Mail::to('jhonja14795@gmail.com')->send($correo);
  return redirect()->route('contactano.index')->with('MsgContacto', 'Mensaje
Enviado');

}
```

Ahora abra el archivo "index.blade.php", que se encuentra dentro de la carpeta "contáctanos", aquí justo debajo del "form" escriba:

```
@if (session('MsgContacto'))
  <script>
    alert("{{session('MsgContacto')}}");
  </script>
@endif
```

Después de esto guardc los cambios, ahora, si prueba a rellenar el formulario y enviarlo verá que le salta un alert y le regresa de nuevo a la página del formulario.

# KITS DE INICIO EN LARAVEL (JETSTREAM Y BREEZE)

## 9.1. Kits de inicio (Laravel Breeze)

Para darle una ventaja inicial en la creación de su aplicación de Laravel, esta le ofrece kits de autenticación y de inicio de aplicaciones. Estos kits arman automáticamente la aplicación con las rutas, los controladores y las vistas que necesita para registrar y autenticar a los usuarios de su aplicación.

"Laravel Breeze" es una implementación mínima y simple de todas las funciones de autenticación de Laravel, incluido el inicio de sesión, el registro, el restablecimiento de contraseña, la verificación de correo electrónico y la confirmación de contraseña. Además, Breeze incluye una página de "perfil" simple donde el usuario puede actualizar su nombre, dirección de correo electrónico y contraseña.

La capa de vista predeterminada de "Laravel Breeze" se compone de plantillas Blade simples diseñadas con "Tailwind CSS". O bien, Breeze puede montar su aplicación usando Vue o React e Inertia.

Puede ver toda la documentación sobre los kits de inicio en la siguiente URL:

https://laravel.com/docs/10.x/starter-kits

Ahora, para instalar Breeze deberá crear un nuevo proyecto en Laravel que llamará "breeze", si tiene larago, inicie el servidor y abra el panel de laragon. Después, vaya a "Menú" y en la opción de creación rápida de sitio web elija "Laravel", aquí le saldrá la opción para poner el nombre del proyecto, este proyecto lo llamará "breeze".

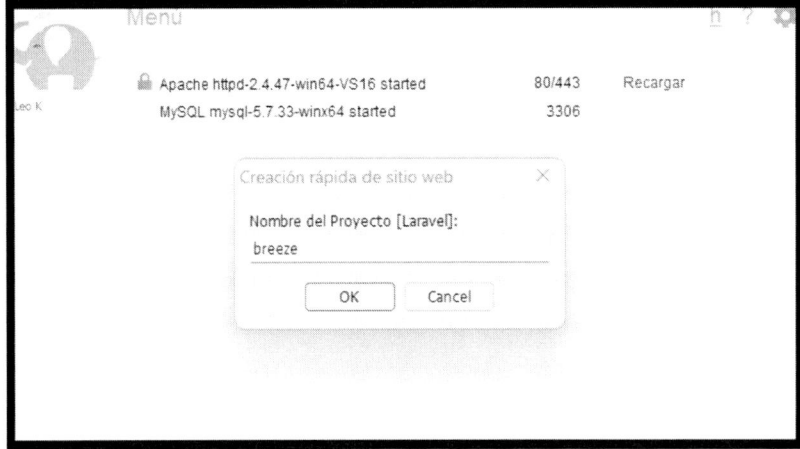

Después de esto confirme y espere a que se cree su proyecto, y después proceda a instalar el kit de inicio "breeze".

Puede ver el proceso de instalación del kit de inicio Breeze en la página de Laravel, lo primero que le indican es ejecutar el siguiente comando:

```
composer require laravel/breeze -dev
```

Con este comando instalará los paquetes que utilizará Breeze. Ahora ejecute otro comando:

```
php artisan breeze:install
```

Con el "breeze:install" comando Artisan se publicaran las vistas de autenticación, las rutas, los controladores y otros recursos en su aplicación. Laravel Breeze publica todo su código en su aplicación para que tengamos un control total y visibilidad sobre las características e implementación.

```
C:\laragon\www\breeze>php artisan breeze:install

  Which stack would you like to install?
  blade ...........................................................
  react ...........................................................
  vue .............................................................
  api .............................................................
>
```

Cuando ejecute este comando le dará a elegir varias opciones para maquetar la aplicación, de momento elija Blade.

Después le preguntará si le gustaría instalar el soporte de modo oscuro.

```
  Would you like to install dark mode support? (yes/no) [no]
>
```

Dígale que sí ("yes").

```
  Would you prefer Pest tests instead of PHPUnit? (yes/no) [no]
> yes
```

Después le preguntará si prefiere Pest Tests en lugar de PHPUnit, dígale que sí ("yes").

Después de esto ya podrá ver que en la carpeta "resourse/views/" se encuentran todas las vistas que necesitará para habilitar las sesiones de registro y login de usuarios. Si abre el frontend verá que en la parte superior izquierda aparecen las páginas de "login" y de "registro".

El siguiente paso será configurar la base de datos, así que abra la base de datos de laragon, o directamente el "PhpMyAdmin" de su servidor local, y compruebe que se haya creado la base de datos "breeze". Y si no es así la creará, puede llamarla como quiera para este ejemplo, una opción es "breeze", igual que la aplicación en la que está trabajando.

Después de esto abra el archivo ".env" y modifique el campo:

```
DB_DATABASE=laravel
```

Que es donde debe ir el nombre de la base de datos, pondrá:

```
DB_DATABASE=breeze
```

Después de esto guarde los cambios y, siguiendo los pasos de la documentación en laravel:

https://laravel.com/docs/10.x/starter-kits#breeze-and-blade

Poga ahora en consola el comando:

```
php artisan migrate
```

Al ejecutar este comando verá como ahora se crean las tablas en la base de datos.

El siguiente paso será ejecutar el comando:

```
npm install
```

Con este comando se van a descargar todas las dependencias NPM.

El siguiente comando que ejecutará será:

```
npm run dev
```

Esto va a crear un nuevo servidor de vite, y a partir de este servidor se van a compilar todos los estilos de su aplicación para previsualizarlos. Es decir, cada vez que haga un cambio en las vistas de su proyecto se visualizará al instante sin necesidad de refrescar la página.

Aquí nos mostrará la URL del server de compilación de "vit", usted seguirá en la URL que creó del "virtualhost", es decir:

http://breeze.test/

Trabajará en esta URL y, como ha visto antes, ahora que está arrancado el servidor con el comando:

```
npm run dev
```

Cada vez que haga algún cambio se visualizará automáticamente en el frontend.

**NOTA IMPORTANTE:**

En caso de que vaya a la página de "login" y no se carguen los estilos CSS debe arrancar el servidor de PHP con el comando:

```
php artisan serve
```

Y después volver a arrancar el servidor de "vit", para arrancar el servidor de "vit" utilice de nuevo el comando:

```
npm run dev
```

Después de esto debería ver en la consola el servidor de "vit" ya arrancado.

Después de esto, si abre la vista de "login" y añade algún texto verá que en el frontend ese cambio se visualizará sin refrescar la página, además, verá que ahora también se estarán mostrando las páginas con sus estilos CSS.

## 9.2. Kits de inicio (Laravel Jetstream)

### 9.2.1. Laravel Jetstream

Es la plataforma perfecta que permite a un desarrollador definir y crear aplicaciones básicas que pueden crear, leer, actualizar y borrar objetos, lo que se conoce como scaffolding (andamiaje).

Esto le permite al desarrollador ofrecer una gran cantidad de opciones para crear aplicaciones con Laravel. Cuenta con muchas funciones, y entre las más importantes tenemos:

- Soporte de API.
- Autenticación de dos factores.
- Posibilidad de verificar mediante el correo electrónico.
- Gestionar varios equipos.

### 9.2.2. Qué ventajas posee trabajar con Laravel Jetstream

Existen una gran cantidad de ventajas si se decanta por una opción como Laravel Jetstream, entre ellas tiene:

**Base sólida**

Uno de los objetivos de un programador es ahorrar tiempo, teniendo una base sólida para comenzar nuevos proyectos es más que suficiente. Algunos sistemas tan simples como el gestor de sesiones y doble factor de sesión llevarían horas de programación, inclusive para los que no son tan experimentados puede que les tome días. Pero con Laravel Jetstream sus módulos se lo permitirán realizar en tan solo 5 minutos.

**Stacks: de las mejores novedades de Laravel 10**

Quizá para mucho el término de Stacks no sea tan conocido. En Laravel este permite añadir el framework frontend que desees. Esto abre la posibilidad de realizar una tarea más simple al momento de añadir una pila preferida.

Por el momento los Stacks disponibles son los siguientes:

- Livewire + Blade
- Inertia.js + Vue

### Directorio para modelos

Una gran cantidad de programadores han solicitado a los desarrolladores actualizar Laravel con un directorio para todos los modelos. Esto quiere decir que todos los comandos destacados han recibido una actualización para poder adjudicarse modelos existentes dentro del directorio, por supuesto, si en dicho caso están allí creados.

En caso de que el directorio no exista, Laravel se apropiará de los modelos que deberían encontrar dentro del directorio app.

### Migration Squashing

En español estas palabras quieren decir "Aplastamiento de migración", lo que quiere decir que mientras la app se haga más grande, es decir, la trabaje mucho, la misma acumulráa migraciones con el pasar del tiempo. Pero la buena noticia es que, a pesar de que el directorio de migraciones se llene de cientos de archivos, puedes utilizar MySQL o PostgreSQL para usar Migration Squashing y hacer que todo esto se convierta en un solo archivo SQL. Con tan solo la ejecución del comando de esta ventaja, Laravel ejecutará la tarea.

### Función de mantenimiento

Esta función permite que el desarrollo de aplicaciones web que no esté terminado pueda mostrarse en dicho estado a los clientes, de manera que puedan ver que el servicio se encuentra offline por mantenimiento. Laravel cuenta con un tutorial de cómo poder utilizar la versión 5 del programa para activar el modo mantenimiento.

### NOTA IMPORTANTE:

Antes de dar el salto a Laravel Jetstream es importante conocer la versión UI y Breeze. UI porque es capaz de darle una buena clase de cómo iniciarse en

Laravel, más cuando apenas esté aprendiendo los pasos expertos en framework.

En este punto aprenderá muy bien cuáles son los controladores, las distintas rutas, las migraciones y los modelos correspondientes. ¡Ah, tampoco cabe olvidar las vistas en Blade! Las cuales son muy importantes.

Después de esta introducción va a iniciar un proyecto nuevo para ver cómo se comienza un proyecto Jetstream. Podrá apoyarse en la documentación de Jetstream en la siguiente URL:

https://jetstream.laravel.com/introduction.html

Lo primero es crear un nuevo proyecto de Laravel, al que llamará "jetstream".

Cree este proyecto desde la línea de comandos, lo primero es abrir el editor Visual Studio Code, teclee:

```
CTRL + Ñ
```

Con esto se abrirá la terminal, podemos usar "Power Shell" o "Git Bash", usted usará el segundo, es decir Git Bash, se posicionará en la carpeta "WWW" de Laragon.

Con el comando "cd .." se posicionará en el directorio anterior de la ruta.

```
jhonr@Jhon-456 MINGW64 /c/laragon/www/breeze
$ cd ..

jhonr@Jhon-456 MINGW64 /c/laragon/www
$ 
```

Como ya tiene el Composer instalado a nivel global, debido a que lo hizo con el primer proyecto, procederá directamente a crear el proyecto de Laravel.

Antes de esto debe recordar que en un principio los proyectos que ha creado fue a través de la terminal de Laragon. Ahora lo está haciendo desde la consola de Git Bash, así que antes de continuar debemos instalar Composer en Windows. Para ello iremos a la página oficial:

https://getcomposer.org/doc/00-intro.md#globally

Descargue e instale Composer.

> Esta es la forma más fácil de configurar Composer en su máquina.
>
> Descargue y ejecute Composer-Setup.exe . Instalará la última versión de Comp
> `composer` desde cualquier directorio en su línea de comando.

Después de descargarlo e instalarlo cierre y abra de nuevo Visual Studio, ahora al poner Composer verá que le sale toda la lista de comandos de Composer, es decir, que está instalado en su Windows.

```
jhonr@Jhon-456 MINGW64 /c/laragon/www/breeze
$ cd ..

jhonr@Jhon-456 MINGW64 /c/laragon/www
$ composer
```

```
jhonr@Jhon-456 MINGW64 /c/laragon/www/breeze
$ cd ..

jhonr@Jhon-456 MINGW64 /c/laragon/www
$ composer

Composer version 2.5.1 2022-12-22 15:33:54
```

Así que ahora escriba el comando:

```
laravel new jetstream
```

```
jhonr@Jhon-456 MINGW64 /c/laragon/www
$ laravel new jetstream
```

Verá cómo se empiezan a descargar los paquetes para su proyecto.

Después de esto vaya al panel de Laragon:

`Menu/www`

Y verá que automáticamente aparece el virtualhost "jetstream".

Si está con Xamp o Wampserver, recuerde que debe crear un virtualhost.

Ahora que ya tiene su proyecto instale Jetstream, así que escriba en la consola el siguiente comando:

`cd .. jetstream`

Y después el comando:

`composer require laravel/jetstream`

```
jhonr@Jhon-456 MINGW64 /c/laragon/www
$ cd jetstream

jhonr@Jhon-456 MINGW64 /c/laragon/www/jetstream
$ composer require laravel/jetstream█
```

Ahora verá cómo empezar la instalación, después de esto añada el proyecto a su área de trabajo, luego abra su base de datos y cree la base de datos "jetstream".

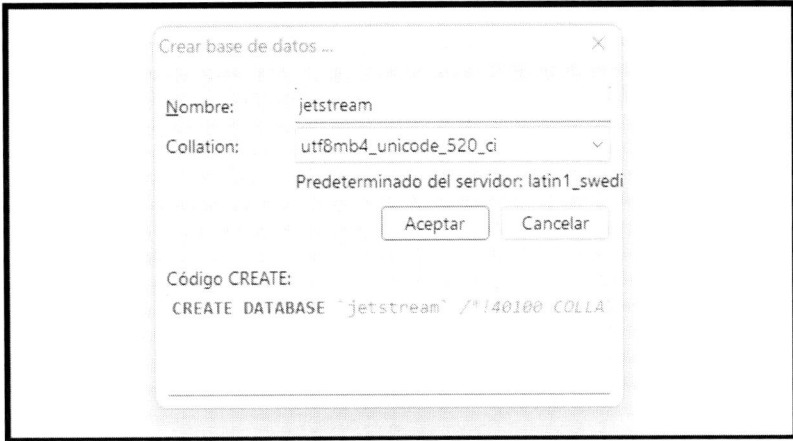

Después de crear la base de datos abra el archivo ".env" de su proyecto para asegurarse de que la base de datos a la que apunta es la que acaba de crear.

```
DB_DATABASE=jetstream
```

Después de comprobarlo proceda al siguiente paso, que es elegir con qué Stack (pila) va a trabajarlas, "Inertia" o "Livewire". Si quiere trabajar con Inertia" debe conocer algún framework JavaScript como React o Vue.

Si trabaja con Livewire debe estar familiarizado con Blade, por esto, para empezar, utilizará el Stack Livewire, así que escribirá en la consola el siguiente comando:

```
php artisan jetstream:install livewire
```

Después de esto, para finalizar la instalación, verá que en la documentación oficial de la página de Jetstream aparecen los comandos que debe poner en la consola.

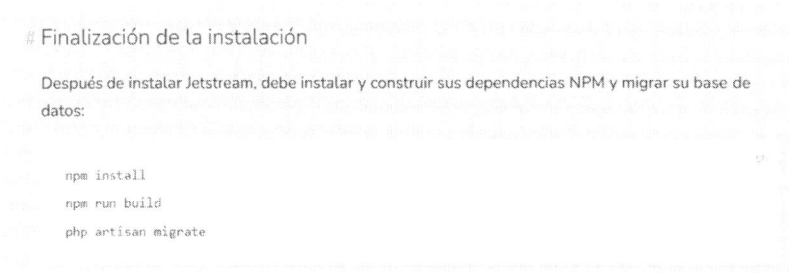

# Finalización de la instalación

Después de instalar Jetstream, debe instalar y construir sus dependencias NPM y migrar su base de datos:

```
npm install
npm run build
php artisan migrate
```

Así que pondrá los comandos:

- "npm install"
- "npm run build"
- "php artisan migrate"

Con el último comando verá que ahora se crean las tablas en la base de datos "jetstream".

Después de esto va a comprobar que en el frontend todo funciona correctamente, e irá a la página de "registro" para crear una cuenta de usuario.

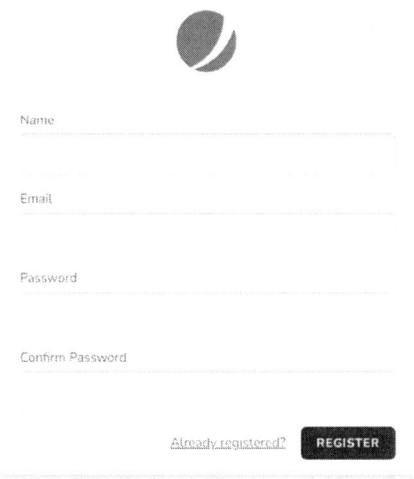

Después de registrarse le redirigirá a una plantilla de Jetstream, donde podrá maquetar las páginas que verá el usuario registrado.

Esta plantilla de Jetstream funciona con Tailwind CSS, si navega por las opciones del usuario verá que hay una página donde puede gestionar los datos de perfil del usuario.

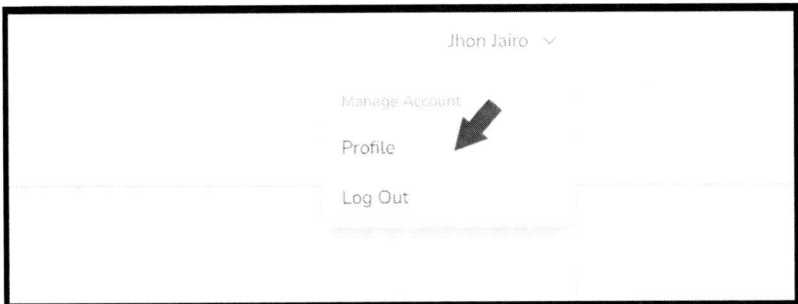

Aquí verá las diferentes opciones que le ofrece Jetstream, como son:

- Información del perfil
- Actualizar contraseña
- Autenticación de dos factores
- Sesiones del navegador
- Borrar cuenta

Adicionalmente a estas opciones que tiene por default, Jetstream le ofrece otras funciones que puede desbloquear.

Para ello debe ir a su aplicación y, dentro de la carpeta "config", buscar el archivo "jetstream.php". Dentro de este archivo verá una sección de características (en inglés Features), aquí verá por ejemplo una opción para las fotos de perfil.

```
Features::profilePhotos(),
```

Active esta línea de código, quite el comentario y guarde los cambios.

Ahora, si vuelve al perfil del usuario y refresca la página, verá que aparecerá la opción de subir una foto de perfil.

Si prueba a subir una imagen y refresca verá que esto no funcionará, y esto es porque en algunos casos deberá realizar algunos ajustes.

Para que funcione y se vea la imagen que ha puesto deberá primero saber que en el archivo "jetstream.php" tiene al final una sección ("Profile Photo Disk"). Aquí verá un índice con el valor "public", esto le indica que las imágenes de perfil se almacenan en esta carpeta o disco "public". Si buscamos la imagen, la encontraremos en la siguiente ruta:

```
jetstream/storage/app/public/profile-photos
```

El usuario registrado no podrá acceder a esa carpeta "public", solo podrá acceder a la carpeta ("public") que se encuentra en la ruta:

```
jetstream/public/
```

Aquí deberá existir un acceso directo a la carpeta "storage", en este caso de prueba al revisarlo se ve que sí existe el acceso directo.

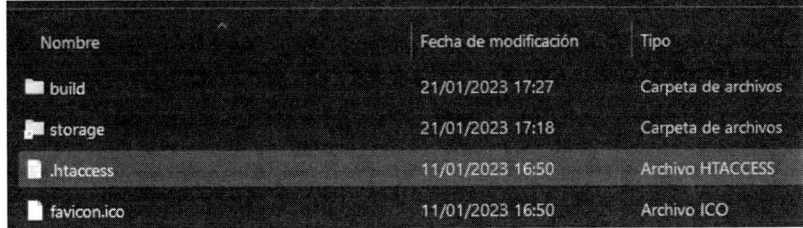

Si no existiera debe escribir en la consola el comando:

```
php artisan storage:link
```

Después de esto ya verá la carpeta de acceso directo.

El siguiente paso será abrir el inspector de código en el frontend y apuntar a la imagen, aquí podrá ver que la URL del host a la que apunta es:

```
http://localhost/
```

En este caso fíjese en que está trabajando en el host:

http://jetstream.test/

Por tanto, deberá abrir el archivo ".env" y modificar la línea donde pone:

```
APP_URL=http://localhost
```

Fn esta línea deberá poner su virtualhost:

```
APP_URL=http://jetstream.test
```

Después de esto guarde los cambios, y ahora debería poder ver la imagen de perfil del usuario.

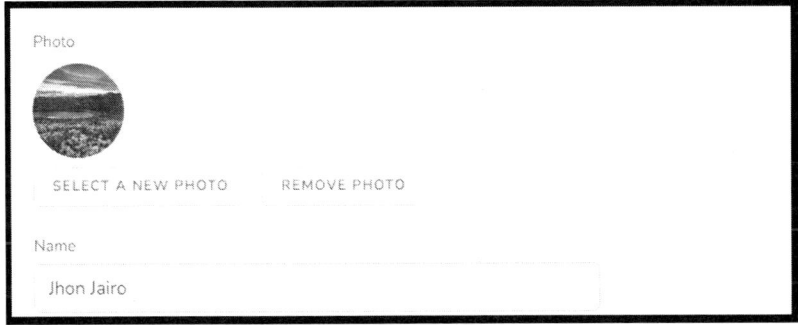

Una recomendación más es que en el archivo ".env" debe modificar el parámetro que indica en qué disco se han de almacenar los archivos. Por default el disco que indica es el disco local, y a usted le interesa que sea el disco público, así que ajuste también este parámetro.

```
FILESYSTEM_DISK=public
```

Después de esto guarde los cambios y con esto ya estaría configurada esta característica. Tiene otras características más que puede habilitar según sus necesidades.

**NOTA IMPORTANTE:**

Para iniciar directamente un nuevo proyecto de Laravel con Jetstream solo basta una sola línea de comando, que es:

```
laravel new nombreproyecto --jet
```

De esta forma se ahorrará hacer los dos pasos.

# MÓDULO 10
# TRABAJANDO CON BOOTSTRAP
# EN LARAVEL

## 10.1. Laravel Jetstream con Bootstrap

Para utilizar Laravel Jetstream con Bootstrap cree un nuevo proyecto, apunte a la carpeta raíz www y ahora utilice el comando:

```
laravel new bootstrap --jet
```

Así, con una sola línea de comando, ha creado un nuevo proyecto con Jetstream ya incluido.

Elija la primera opción, que es Livewire, o sea pondrá (0) cero.

La segunda pregunta es si su aplicación usará equipos, dirá que no.

Después de esto creará la base de datos "bootstrap", y después añadirá el proyecto al área de trabajo de su editor de texto Visual Studio.

Ahora revisará el archivo ".env", verifique que la base de datos que tiene es la misma.

```
DB_DATABASE=bootstrap
```

Después de esto también modificará la URL:

```
APP_URL=http://bootstrap.test
```

Después de esto guarde los cambios y ahora abra su terminal, apunte al directorio Bootstrap y ejecute el comando:

```
php artisan migrate
```

Después de esto reinicie el servidor y abra su frontend.

http://bootstrap.test/

## 10.2. Configuración de Bootstrap para Laravel

### 10.2.1. Instalación de Bootstrap en Laravel 9

Ahora que ya tiene su proyecto preparado va a ejecutar el comando que le ayudará a instalar los paquetes para utilizar Bootstrap, escribiremos en la consola:

```
composer require nascent-africa/jetstrap --dev
```

Jetstrap es un repositorio que se encuentra alojado en GitHub, puede investigar más en la siguiente url:

https://github.com/nascent-africa/jetstrap

Aquí puede ver toda la documentación y los pasos de instalación.

El siguiente comando que debe introducir en la consola es:

```
php artisan jetstrap:swap livewire
```

El siguiente paso será configurar algunos archivos, vaya a la ruta:

```
resources/views/layouts/guest.blade.php
```

En este archivo remplazará un script:

```
<!-- Scripts -->
<script src="{{ mix('js/app.js') }}" defer></script>
```

Aquí ponga el compilador de Vit.

```
<!-- Scripts -->
@vite(['resources/sass/app.scss',
'resources/js/app.js'])
```

Ahora elimine el link de estilos.

```
<!-- Styles -->
<link rel="stylesheet" href="{{ asset('css/app.css')
}}">
```

Haga lo mismo con el archivo "app.blade.php" que se encuentra dentro de la carpeta "layouts".

Después vaya a la ruta:

```
resources/js/app.js
```

Aquí cambiará el "require()" que tiene el archivo de Bootstrap.

```
require('./bootstrap');
```

Ponga un "import" en vez de "require()".

```
import './bootstrap';
```

Dentro del mismo directorio cambiará algunas cosas en el archivo "bootstrap.js", remplace la primera línea:

```
window._ = require('lodash');
```

Por estas dos líneas:

```
import _ from 'lodash';

window._ = _;
```

Después, en este mismo archivo, remplazará la línea de código:

```
const bootstrap = require('bootstrap')
```

Por la siguiente:

```
import * as bootstrap from 'bootstrap'
```

Después de esto guarde los cambios, el siguiente archivo que modificará es "vite.config.js", que se encuentra en la raíz de su proyecto.

Aquí, donde pone los plugins, editará la ruta para que compile el archivo con extensión SCSS.

```
'resources/sass/app.scss',
```

En este mismo archivo pondrá un "import" en la parte superior.

```
import {resolve} from 'path';
```

En la parte superior debe haber ahora tres líneas de código:

```
import { defineConfig } from 'vite';
import laravel, { refreshPaths } from 'laravel-vite-plugin';
import {resolve} from 'path';
```

Despues de hacer todos estos cambios se asegurará de guardar los cambios en los archivos modificados, y después ejecute los comandos:

```
npm install
```

```
npm run dev
```

Ahora si vamos al frontend verá que no aparecen los estilos de Tailwind.

Después de esto detenga el servidor e instale SASS, ejecute el comando:

```
npm install sass
```

Ahora abra el archivo "app.scss" y modifique la línea donde se incluye el archivo de Bootstrap.

```
// Bootstrap

@import 'node_modules/bootstrap/scss/bootstrap';
```

Debe apuntar a "node_modules", para finalizar edite el archivo "postcss.config.js" y elimine la línea donde se incluye Tailwind.

```
module.exports = {
  plugins: {
    tailwindcss: {},
    autoprefixer: {},
  },
};
```

Ahora debería de quedar así:

```
module.exports = {
  plugins: {
    autoprefixer: {},
  },
};
```

Después de esto, guarde los cambios y vuelva a ejecutar el comando:

```
npm run dev
```

Después de esto, si va al frontend y selecciona la página de "login" o la de "registro" verá que los formularios se ven maquetados con Bootstrap.

## NOTA IMPORTANTE:

Debe tener en cuenta que en la documentación de Jetstrap se indica que debe hacer una modificación para la paginación.

Para modificar los estilos de paginación y que queden maquetados con Bootstrap debe ir a la ruta:

```
app/providers/AppServiceProvider.php
```

Al abrir este archivo añada en la cabecera lo siguiente:

```
use Illuminate\Pagination\Paginator;
```

Después en el método "boot()" de este mismo archivo añada lo siguiente:

```
Paginator::useBootstrap();
```

Así quedaría ya todo preparado para realizar su proyecto de Laravel con Bootstrap.

### 10.2.2. Configuración de Bootstrap para Laravel 10

Ahora que ya tiene su proyecto preparado va a seguir los pasos a continuación para utilizar Bootstrap en su aplicación.

**Paso 1:**

Instalar Pooper, para ello escriba el siguiente comando:

```
npm install bootstrap @popperjs/core
```

**Paso 2:**

Instalar SASS, para ello escriba el siguiente comando:

```
npm install sass --save-dev
```

**Paso 3:**

Cambiar el nombre de la carpeta y el archivo CSS que hay dentro de la carpeta "resources":

resources/css por resources/scss y resources/scss/app.css por resources/scss/app.scss

**Paso 4:**

Renombrar los archivos a los que apunta el servidor de Vit, para ello abra el archivo "vite.config.js", que se encuentra en la raíz de nuestro proyecto, aquí encontrará algo como esto:

```
import { defineConfig } from 'vite';
import laravel, { refreshPaths } from 'laravel-vite-plugin';
```

```
export default defineConfig({
   plugins: [
      laravel({
         input: [
            'resources/css/app.css',
            'resources/js/app.js',
         ],
         refresh: [
            ...refreshPaths,
            'app/Livewire/**',
         ],

      }),
   ],
});
```

Simplemente, donde pone "input" renombre la carpeta CSS y el archivo CSS, quedaría así:

```
import { defineConfig } from 'vite';
import laravel, { refreshPaths } from 'laravel-vite-plugin';

export default defineConfig({
   plugins: [
      laravel({
         input: [
            'resources/scss/app.scss',
            'resources/js/app.js',
         ],
         refresh: [
            ...refreshPaths,
            'app/Livewire/**',
         ],

      }),
   ],
});
```

**Paso 5:**

Importar los estilos de Bootstrap, para ello abra el archivo "resources/scss/app.scss", elimine lo que hay aquí y escriba lo siguiente:

```
@import "node_modules/bootstrap/scss/bootstrap";
```

**Paso 6:**

Importe Bootstrap.js, para ello abra el archivo "resources/js/app.js", verifique que aquí haya un import del archivo "Bootstrap.js".

```
import './bootstrap';
```

Si es así abra el archivo "Bootstrap.js" y escriba en la cabecera del archivo lo siguiente:

```
import * as bootstrap from 'bootstrap';
```

**Paso 7:**

Modifique el nombre de los archivos CSS que incluye el script de "vite", es decir, en la carpeta o directorio.

```
resources/views/layouts/
```

Encontrará dos archivos "app.blade" y "guest.blade", dentro verá un script:

```
<!-- Scripts -->
@vite(['resources/css/app.css', 'resources/js/app.js'])
```

A este script deberá cambiarle el nombre de la carpeta y el archivo CSS por SCSS.

```
<!-- Scripts -->
@vite(['resources/scss/app.scss', 'resources/js/app.js'])
```

Con estos ajustes ya solo le quedaría el último paso.

**Paso 8:**

Ejecute el comando:

```
npm run build
```

Cuando ejecute este comando creará los archivos necesarios para ejecutar en producción. Es decir, esto compilará los archivos para que se guarden todos los cambios que ha realizado en la aplicación.

Para ver los cambios ahora abra su proyecto vaya a la página de "login" o "registro", compruebe que aquí ya se ve el cambio.

**NOTA IMPORTANTE:**

Debe tener en cuenta que hay algunas cosas que no estarán habilitadas por default con Bootstrap, por ejemplo, la paginación.

Para modificar los estilos de paginación y que queden maquetados con Bootstrap debe ir a la ruta:

```
app/providers/AppServiceProvider.php
```

Al abrir este archivo añada en la cabecera lo siguiente:

```
use Illuminate\Pagination\Paginator;
```

Después en el "método boot()" de este mismo archivo añada lo siguiente:

```
Paginator::useBootstrap();
```

Así quedaría ya todo preparado para realizar su proyecto de Laravel con Bootstrap.

# MÓDULO 11
# CÓMO CREAR Y UTILIZAR COMPONENTES EN LARAVEL

## 11.1. Componentes de Laravel Blade

Laravel cuenta con una amplia documentación para trabajar con Blade que podrá ver en la siguiente URL:

https://laravel.com/docs/10.x/blade#introduction

Para empezar con la introducción de Blade verá cómo crear un componente, para ello vaya a su proyecto Jetstream y abra el archivo "dashboard.blade.php", que se encuentra dentro de la carpeta "resources".

En Laravel 9 verá la siguiente línea de código:

```
<x-jet-welcome />
```

En Laravel 10 lo verá así:

```
<x-welcome />
```

Este código lo que hace es mostrarle un componente de Jeststream, a continuación vamos a ver cómo crear su propio componente. Para ello elimine este componente y el contenedor que lo envuelve. Es decir, tiene este código:

```
<div class="py-12">
   <div class="max-w-7xl mx-auto sm:px-6 lg:px-8">
```

```
    <div class="bg-white overflow-hidden shadow-xl sm:rounded-lg">
        <x-welcome />
    </div>
  </div>
</div>
```

Ahora lo dejará así:

```
<div class="py-12">
  <div class="max-w-7xl mx-auto sm:px-6 lg:px-8">

  </div>
</div>
```

Ahora, para crear el componente, dentro de la carpeta "views" creará una nueva carpeta o directorio al que llamará "components", dentro de esta carpeta creará archivos basándonos en el tipo de componente que desee crear.

## NOTA IMPORTANTE:

En Laravel 10 ya encontrará esta carpeta con varios componentes, así que no hará falta crearla.

Ahora, dentro de esta carpeta, creará el archivo "alert.blade.php", después de hacerlo el siguiente paso es buscar en Google alert tailwind, esto le llevará a esta página:

https://v1.tailwindcss.com/components/alerts

Elija el que pone "Titled", copie el código y péguelo en el componente "alert.blade.php".

```
<div role="alert">
  <div class="bg-red-500 text-white font-bold rounded-t px-4 py-2">
   Danger
  </div>
```

```
<div class="border border-t-0 border-red-400 rounded-b bg-red-100 px-4 py-3 text-red-700">
    <p>Something not ideal might be happening.</p>
  </div>
</div>
```

Con esto ya tendría su primer componente, ahora, para mostrar este componente en el archivo "dashboard.blade", escriba lo siguiente:

```
<x-alert></x-alert>
```

Ahora el código del "dashboard.blade" se verá así:

```
<div class="py-12">
  <div class="max-w-7xl mx-auto sm:px-6 lg:px-8">

    <x-alert></x-alert>

  </div>
</div>
```

Después de esto guarde los cambios y arranques el servidor de "vit", escriba el comando:

```
npm run dev
```

Ahora vaya al dashboard del usuario logueado y vea el alert.

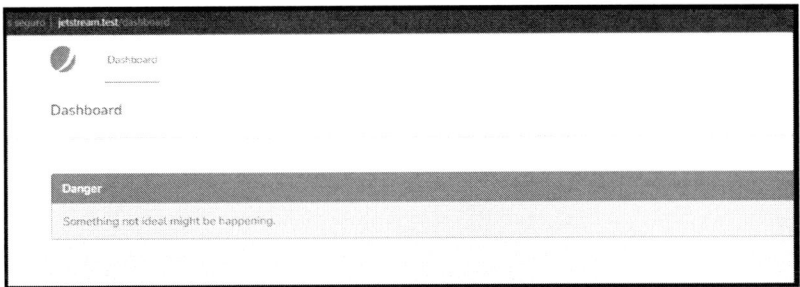

Ahora, para mostrar un contenido distinto en cada página utilizando el mismo componente, utilizará la variable "$slot", para comprobarlo abrirá el archivo "alert.blade", y donde está el párrafo con el texto lo eliminará y pondrá la variable "$slot".

```
{{$slot}}
```

Después de esto guarde los cambios y ahora abra el archivo "dashboard.blade", aquí pondrá un nuevo párrafo entre las etiquetas del componente "alert".

```
<x-alert>
  <p>Texto pruebaaaa</p>
</x-alert>
```

Si guarda los cambios y observa ahora el frontend verá que aparece el texto en el "alert".

Ahora aprenderá cómo pasar valores a sus componentes para, por ejemplo, poder cambiar el título de este "alert". Va a abrir de nuevo el archivo "dashboard.blade" y escribirá lo siguiente:

```
<x-alert title="Titulo del dashboard">
  <p>Texto pruebaaaa</p>
</x-alert>
```

Fíjese en que en la etiqueta de apertura del componente está poniendo un atributo (title). Ahora este atributo se transformará en variable para su componente, así que abra el archivo "alert.blade.php" y en la cabecera utilice la directiva de Blade "@props", así que en la parte superior escriba lo siguiente:

```
@props(['title'])
```

Con esto ya tiene creada la variable "$title", que recibirá el valor que ponga en la etiqueta del componente, ahora pondrá la variable "title" donde corresponde. El código del archivo "alert.blade.php" ahora deberá estar así:

```
@props(['title'])

<div role="alert">
   <div class="bg-red-500 text-white font-bold rounded-t px-4 py-2">
   {{ $title }}
   </div>
   <div class="border border-t-0 border-red-400 rounded-b bg-red-100 px-4 py-3 text-red-700">
   {{$slot}}
   </div>
</div>
```

Si guarda los cambios revise el "dashboard" del frontend, verá que ahora aparece con el título de prueba.

**Título del dashboard**

Texto pruebaaaa

Ahora verá otra forma de pasar los valores a sus componentes, valores con más complejidad e inclusive con formato HTML.

Esta otra forma de pasar datos se denomina slot, con nombre, y consiste en crear etiquetas slot con un atributo "name" que las identifica.

Vaya ahora al archivo "dashboard.blade.php" y modifique el código para crear su primer slot con nombre, así que escriba lo siguiente:

```
<x-alert>
  <x-slot name="title">
    Titulo del dashboard
  </x-slot>
  <p>Texto pruebaaaa</p>
</x-alert>
```

Ahora guarde los cambios y abra de nuevo el archivo "alert.blade.php" y elimine la línea de código:

```
@props(['title'])
```

Esta directiva de Blade ya no la necesitará, simplemente deje la variable "$title", que es como ha nombrado a su slot. Después de esto guarde los cambios y vea que el resultado es el mismo, pero ahora los valores o datos que pasará podrán ser más complejos.

```
<div role="alert">
  <div class="bg-red-500 text-white font-bold rounded-t px-4 py-2">
    {{ $title }}
  </div>
  <div class="border border-t-0 border-red-400 rounded-b bg-red-100 px-4 py-3 text-red-700">
    {{$slot}}
  </div>
</div>
```

El código del archivo "alert.blade.php" queda igual, pero sin la directiva "@props".

## 11.2. Slots, atributos y paso de parámetros de una vista a un componente

En este tema continuará con los ejemplos de los slots y de las diferentes formas que hay de pasar atributos de una vista a un componente.

Imagine que está trabajando con varias vistas y necesita diferentes tipos de alerta, por ejemplo, un alert de tipo "Primary" y un alert de tipo "warning".

Para poder pasar estos valores debe crear un atributo "type" en la etiqueta del componente y pasar el valor correspondiente, es decir, en el archivo "dashboard.blade.php" escribirá:

```
<x-alert type="primary">
```

Ahora abra el archivo "alert.blade.php" y en la parte superior utilice de nuevo la directiva "@props" para recibir el atributo (type).

```
@props(['type'])

@php

@endphp
```

Fíjese en que, adicionalmente, está utilizando otra dircctiva de Blade "@php", esta directiva tiene una etiqueta de apertura y otra de cierre. Así creará su zona PHP en Blade.

En su zona PHP de Blade creará un "switch case", así validaremos el valor del atributo "type". Escriba lo siguiente:

```
@props(['type'])

@php

switch ($type) {
   case 'primary':
     $class_a = "bg-blue-700";
     $class_b = "border-blue-400 bg-blue-100 text-blue-700";
```

**182** | Módulo 11 ● Cómo crear y utilizar componentes en Laravel

```
    break;
  case 'warning':
    $class_a = "bg-amber-500";
    $class_b = "border-amber-400 bg-amber-100 text-amber-700";
    break;
  default:
    $class_a = "bg-blue-700";
    $class_b = "border-blue-400 bg-blue-100 text-blue-700";
    break;
}

@endphp
```

Como podrá ver en este código ha creado dos variables ("$class_a") y ("$class_b"). En la primera variable almacenará la clase de Tailwind que le da el background al primer contenedor del alert, y en la segunda variable almacenará las clases de Tailwind que aplican los colores del segundo contenedor.

El siguiente paso será modificar el alert, ahora quedará así:

```
<div role="alert">
  <div class="{{$class_a}} text-white font-bold rounded-t px-4 py--2">
    {{ $title }}
  </div>
  <div class="{{$class_b}} border border-t-0 rounded-b px-4 py--3">
    {{$slot}}
  </div>
</div>
```

## NOTA IMPORTANTE:

Es muy importante que después de estos cambios se ejecute el servidor de "vit" con el comando:

```
npm run dev
```

JHON JAIRO RINCÓN                                                    MARCOMBO

Si ya tiene arrancado el servidor mientras realiza estos cambios el código se compilará al momento y se verán las modificaciones en el frontend.

Vaya ahora a imaginarse que está en otra página y necesita un alert de tipo "warning".

Abra el archivo "dashboard.blade.php" y cambie el valor del atributo "type".

```
<x-alert type="warning">
```

Si va al frontend verá que el alert hacambiado.

En caso de que en alguna vista haya llamado al componente "alert", pero sin pasarle ningún atributo, le daría error.

```
<x-alert>
  <x-slot name="title">
    Titulo del dashboard
  </x-slot>
  <p>Texto pruebaaaa</p>
</x-alert>
```

Así que para solventar este error abra el archivo "alert.blade.php" y escriba lo siguiente:

@props(['type' => 'primary'])

Así establecerá que, si no se pasa ningún atributo, por default se mostrará el "alert primary", pero si llama al componente y le pasa, por ejemplo, el atributo "type" con el valor "warning", Laravel priorizará el atributo que le está pasando al componente.

Ahora, si lo que quiere es pasar una variable PHP como valor del atributo, debe abrir el archivo "dashboard.blade" y escribir lo siguiente:

```
<div class="py-12">
   <div class="max-w-7xl mx-auto sm:px-6 lg:px-8">
     @php
       $type = 'warning';
     @endphp
     <x-alert :type="$type">
       <x-slot name="title">
         Titulo del dashboard
       </x-slot>
       <p>Texto pruebaaaa</p>
     </x-alert>

   </div>
</div>
```

Fíjese en que primero crea la zona PHP para crear la variable.

```
@php
    $type = 'warning';
@endphp
```

Después ponga dos puntos delante del atributo, para después poner la variable PHP dentro de las comillas dobles, con los dos puntos delante del atributo le estará indicando a Laravel que aquí pondrá una variable PHP.

Para poder pasar otros atributos a sus componentes, como por ejemplo el atributo "id", puede hacerlo de la misma forma que ha hecho con el atributo "type" al principio, pero sería más profesional, si para recibir los demás atributos, utilizara la variable "$attributes". Abra el archivo "dashboard.blade.php", que es donde llama al componente, y añada un atributo "id".

```
<x-alert :type="$type" id="dashAlert">
```

Ahora abra el archivo "alert.blade.php" de nuestro componente alert, y justo debajo de donde se cierra la zona PHP escriba:

```
@dump($attributes)
```

Esto le mostrará todos los atributos que esté pasando a excepción de los que ya esté recuperando con "@props()", es decir, ahora en el frontend podrá ver que esta variable le está recuperando el valor de atributo "id".

Ahora comentará el "@dump()" y pondrá la variable "$attributes" en su alert.

```
{{-- @dump($attributes) --}}

<div {{$attributes}} role="alert">
   <div class="{{$class_a}} text-white font-bold rounded-t px-4 py-2">
    {{ $title }}
   </div>
   <div class="{{$class_b}} border border-t-0 rounded-b px-4 py-3">
    {{$slot}}
   </div>
</div>
```

Después de esto guarde los cambios y vaya al frontend, si inspecciona el código verá que ahora aparece el atributo "id" en su contenedor.

Ahora imagine que en una de sus vistas quiere añadir nuevos estilos al contenedor principal de su alert, es decir, quiere agregar algunas clases. Abra el archivo "dashboard.blade.php" y escriba:

```
<div class="py-12">
  <div class="max-w-7xl mx-auto sm:px-6 lg:px-8">
    @php
      $type = 'warning';
    @endphp
    <x-alert :type="$type" id="dashAlert" class="mb-4">
      <x-slot name="title">
        Titulo del dashboard
      </x-slot>
      <p>Texto pruebaaaa</p>
    </x-alert>
    <p>prueba</p>
  </div>
</div>
```

Fíjese en que debajo del componente está añadiendo un párrafo.

```
<p>prueba</p>
```

También debe fijarse en la clase que está añadiendo.

```
<x-alert :type="$type" id="dashAlert" class="mb-4">
```

Aquí no habrá ningún problema, la variable "$attributes" se encargará de que esta clase se aplique en el contenedor principal de su alert.

```
<div {{$attributes}} role="alert">
```

Si vamos al frontend lo verá.

Se puede ver cómo se aplica el "margin-bottom" para crear el espacio entre el alert y el párrafo.

Imagine que ahora el contenedor principal del alert que tiene en el archivo "alert.blade.php" ya tiene unas clases predefinidas, por ejemplo:

```
<div {{$attributes}} role="alert" class="underline">
```

Si añade esta clase y luego va al frontend verá que no se está aplicando, esto es porque se superpone la clase que definió, donde añadió el componente, es decir, solo se ve la clase que añadió en el archivo "dashboard.blade.php". Para que las clases que defina en cualquier vista se sumen a las clases que ya existen debe utilizar el método "merge()" de los atributos.

En el alert de nuestro archivo "alert.blade,php" escriba lo siguiente:

```
<div {{$attributes->merge(['class' => 'underline'])}}
role="alert">
```

El código completo del alert deberá verse así:

```
<div {{$attributes->merge(['class' => 'underline'])}} role="alert">
   <div class="{{$class_a}} text-white font-bold rounded-t px-4 py-2">
     {{ $title }}
   </div>
   <div class="{{$class_b}} border border-t-0 rounded-b px-4 py-3">
     {{$slot}}
   </div>
</div>
```

Ahora, si va al frontend, verá como sí se están aplicando las clases, si abre el inspector de código verá que aparecen las clases "underline" y "mb-4" en el contenedor.

```
▼<div class="max-w-7xl mx-auto sm:px-6 lg:px-8">
    ▼<div class="underline mb-4" id="dashAlert" role=
    "alert"> == $0
```

**NOTA IMPORTANTE:**

Debe tener en cuenta que con el método "merge()" el único atributo con el cual se añadirán valores, y no se remplazaran, es con el atributo (class). Si añade otros atributos, como por ejemplo "id" o "role", si se remplazarán los valores.

## 11.3. Separando la lógica de programación de la vista de los componentes

En los temas anteriores vio cómo crear componentes y pasar valores en los atributos de los componentes. Ahora verá cómo crear un componente desde la terminal y así obtener la vista del componente y el controlador.

Escriba en la terminal la siguiente línea de comando:

```
php artisan make:component Alert2
```

Con esto se creará un archivo "alert2.blade.php" dentro de la carpeta:

```
resources/views/components/
```

También se creará un archivo "Alert2.php" dentro de la carpeta:

```
app/View/Components/
```

Dentro de este archivo creará la lógica de programación para su componente. Solo va a copiar todo lo que tenía en la vista del primer alert.

<?php

namespace App\View\Components;

```php
use Illuminate\View\Component;

class Alert2 extends Component
{

    //Propiedades
    public $class_a;
    public $class_b;

    /**
     * Create a new component instance.
     *
     * @return void
     */
    public function __construct($type = 'primary')
    {
        switch ($type) {
            case 'primary':
                $class_a = "bg-blue-700";
                $class_b = "border-blue-400 bg-blue-100 text-blue-700";
                break;
            case 'warning':
                $class_a = "bg-amber-500";
                $class_b = "border-amber-400 bg-amber-100 text-amber-700";
                break;
            default:
                $class_a = "bg-blue-700";
                $class_b = "border-blue-400 bg-blue-100 text-blue-700";
                break;
        }

        $this->class_a = $class_a;
        $this->class_b = $class_b;

    }

    /**
```

```
    * Get the view / contents that represent the component.
    *
    * @return \Illuminate\Contracts\View\View|\Closure|string
    */
    public function render()
    {
        return view('components.alert2');
    }
}
```

Vea que dentro de la clase del controlador, y antes del método "constructor", ha creado dos propiedades:

```
//Propiedades
public $class_a;
public $class_b;
```

Así definirá el valor de las propiedades que luego utilizará en la vista.

También pase como parámetro del método "constructor" el valor del atributo "$type" que recibió en los "@props()" del primer alert.

Por último, dentro del método "constructor" al final establecerá el valor de las dos propiedades que recibió en la vista del alert.

```
$this->class_a = $class_a;
$this->class_b = $class_b;
```

Después copie el código de la vista del primer alert y péguelo en la vista del archivo "alert2.blade.php".

```
<div {{$attributes->merge(['class' => 'underline'])}} role="alert">
  <div class="{{$class_a}} text-white font-bold rounded-t px-4 py-2">
    {{ $title }}
  </div>
  <div class="{{$class_b}} border border-t-0 rounded-b px-4 py-3">
    {{$slot}}
  </div>
</div>
```

Ahora en el archivo "dashboard.blade.php" cambie el nombre del componente al que llama, es decir, ponga:

```
<x-alert2></x-alert2>
```

El resto del código déjelo igual, deberá estar así:

```
<div class="py-12">
  <div class="max-w-7xl mx-auto sm:px-6 lg:px-8">
    @php
      $type = 'warning';
    @endphp
    <x-alert2 :type="$type" id="dashAlert" class="mb-4">
      <x-slot name="title">
        Titulo del dashboard
      </x-slot>
      <p>Texto pruebaaaa</p>
    </x-alert2>
    <p>prueba</p>
  </div>
</div>
```

Si ahora va al frontend verá que el alert funciona correctamente, pero ahora tiene separada la lógica de la programación de la vista.

## 11.4. Utilizando los componentes de Jetstream en las vistas de Laravel 9

Este tema es a modo informativo para ver cómo instalar y utilizar los componentes de Jeststream en Laravel 9.

Para publicar las vistas de los componentes que por default trae Jetstream "Livewire" y poder utilizarlas debe escribir en la consola la siguiente línea de comando:

```
php artisan vendor:publish --tag=jetstream-views
```

Esto puede encontrarlo en la página oficial de Jetstream.

https://jetstream.laravel.com/2.x/installation.html

Aquí verá que casi al final nos indicará la línea de comando para instalar los componentes Blade de la Pila Livewire, y más abajo los de Inertia.

Después de ejecutar el comando verá que las vistas se han creado en la ruta:

```
resources/views/vendor/jetstream/components/
```

En la carpeta "components" encontrará varios archivos.

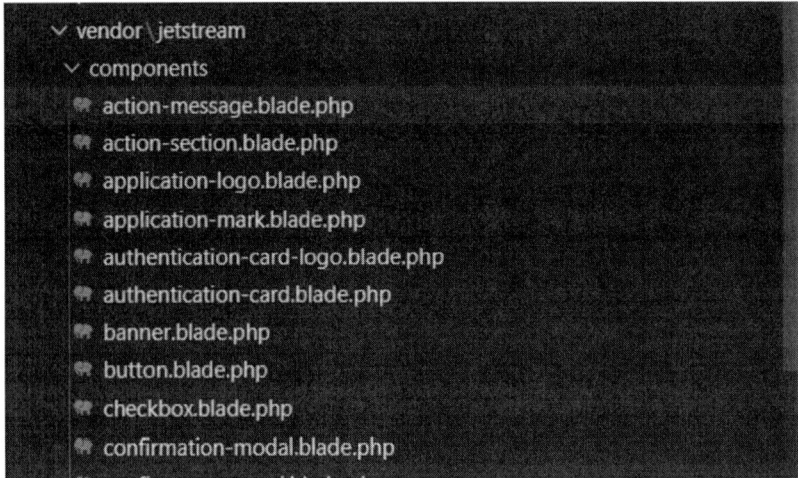

Cada archivo es un componente que podrá utilizar para desarrollar su aplicación.

La forma en la que llama a estos componentes es distinta a lo que ha hecho anteriormente, para llamar un componente de Jetstream debe escribir (x-jet-) y añadir al final el nombre del componente.

Por ejemplo, abra el archivo "dashboard.blade.php" y quite el componente del alert. Ahora llame al componente "welcome" de Jetstream, así que escriba:

```
<x-jet-welcome></x-jet-welcome>
```

Si va al frontend del dashboard, verá que ahora aparece el módulo de bienvenida.

# MÓDULO 12
# REUTILIZANDO LA PLANTILLA DE JETSTREAM Y LOS MIDDLEWARES EN LARAVEL

## 12.1. Cómo modificar y reutilizar la plantilla de Jetstream

Va a continuar trabajando con el proyecto "Jetstream". Es muy importante tener en cuenta que al hacer login en Laravel va a entrar en el archivo "web.php", que se encuentra dentro de la carpeta "routes".

Va a pasar por el método "middleware()" para que sus credenciales sean validadas, si la verificación es correcta se le redirigirá a la ruta "/dashboard".

Al entrar en la vista del dashboard se puede ver que se está llamando al componente:

```
<x-app-layout>
```

Si busca el controlador para este componente debe ir a la ruta:

```
app/View/Components/AppLayout.php
```

Al revisar debe fijarse en algo importante, el controlador de este componente sigue la convención "camel case" de Laravel, el archivo se llama "AppLayout", igual que su clase.

Ahora, si se fija a la hora de llamar al componente utiliza la nomenclatura "kebap-case", con la cual debe escribir las palabras en minúscula y separadas por guiones.

```php
<?php

namespace App\View\Components;

use Illuminate\View\Component;
use Illuminate\View\View;

class AppLayout extends Component
{
    /**
     * Get the view / contents that represents the component.
     */
    public function render(): View
    {
        return view('layouts.app');
    }
}
```

Fíjese en el código del archivo "AppLayout.php", vea que aquí hay un método "render()", el cual apunta a la carpeta "views" y le redirige a la vista "layouts/app.blade.php".

Ahora va a analizar el código del archivo "app.blade.php".

```
<html lang="{{ str_replace('_', '-', app()-
>getLocale()) }}">
```

Vea que en la línea donde pone el idioma se llama a un método "app()" y "getLocale()", esto le devolverá el valor del índice "locale", que se encuentra en el archivo "config/app.php".

```
'locale' => 'en',
```

Aquí podrá modificar el idioma, si baja un poco más en el código de su plantilla se encontrará con la siguiente línea de código:

```
<title>{{ config('app.name', 'Laravel') }}</title>
```

Aquí va el nombre de su aplicación, si quiere cambiar el nombre debe ir al archivo ".env" y cambiarlo:

```
APP_NAME=Newtheme
```

Después debe ir al archivo "app.php", que se encuentra en la carpeta "config".

```
'name' => env('APP_NAME', 'Newtheme'),
```

Por último, en la línea de código donde muestra el titulo pondrá:

```
<title>{{ config('app.name', 'Newtheme') }}</title>
```

Ahora, para ver el cambio, abra por ejemplo la página del "login", verá que ahora el título es "Newtheme".

La siguiente línea de código es una fuente de Google Fonts:

```
<!-- Fonts -->
<link rel="stylesheet"
href="https://fonts.bunny.net/css2?family=Nunito:wght@400;600;700&display
=swap">
```

Aquí puede añadir cualquier otra fuente para darle un formato más personalizado al texto de su aplicación.

En la siguiente línea de código está incluyendo el archivo "app.css" y "app.js" dentro del servidor de "vit".

```
<!-- Scripts -->
@vite(['resources/css/app.css', 'resources/js/app.js'])
```

Aquí se compilarán todos los estilos CSS y todo el código JS de las librerías o frameworks que utilice en su aplicación.

**NOTA IMPORTANTE:**

En la versión 9 de Laravel estaba incluida la librería o framework "Alpine.js" dentro del archivo "app.js".

"Alpine.js" es un framework JS para JavaScript del lado del cliente que le permite crear aplicaciones de JavaScript con su naturaleza reactiva y declarativa con base en componentes. Se define a sí mismo como el jQuery moderno.

Después tiene otra línea de código con la directiva "@livewireStyles", esta directiva sirve para que se escriban los estilos CSS necesarios para que Livewire funcione. Debe colocarla en el "head".

Si sigue inspeccionando el archivo "app.blade.php" verá que está utilizando slots.

```
<!-- Page Heading -->
@if (isset($header))
    <header class="bg-white shadow">
        <div class="max-w-7xl mx-auto py-6 px-4 sm:px-6 lg:px-8">
            {{ $header }}
            <p>slot 1</p>
        </div>
    </header>
@endif
```

Si pone un párrafo de prueba dentro del condicional y debajo de la variable "$header", lo verá en su dashboard.

Si ahora abre el archivo "dashboard.blade.php" y pone un párrafo dentro del slot "header" y debajo del texto "_Dashboard" veremos como se muestra antes que el texto (slot 1).

Pondrá el párrafo (slot 2):

```
<x-slot name="header">
    <h2 class="font-semibold text-xl text-gray-800 leading-tight">
        {{ __('Dashboard') }}
    </h2>
    <p>slot 2</p>
</x-slot>
```

Ahora guarde los cambios y vaya al dashboard.

Vea como el párrafo con el texto (slot 2) se muestra antes, esto es porque dentro del condicional que hay en el archivo "app.blade.php" está la variable "$header". Esta variable está mostrando todo el contenido que hay dentro del slot (header) que hay en el archivo "dashboard.blade".

Fíjese que en el mismo archivo, "dashboard.blade", está llamando al componente de Jetstream ("welcome").

```
<x-welcome></x-welcome>
```

Si elimina esto y pone un párrafo:

```
<p>Esto es un parrafo de prueba</p>
```

Verá que se sitúa en el slot que hay en el archivo "app.blade.php".

```
<!-- Page Content -->
<main>
   {{ $slot }}
</main>
```

Si guarda los cambios y abre la página del "dashboard" podrá ver el párrafo.

Dashboard
slot 2
slot 1

Esto es un parrafo de prueba

Si inspecciona el código verá el párrafo situado dentro del contenedor "<main>".

Con todo esto que ha visto puede llegar a la conclusión de que trabajando con componentes puede utilizar la plantilla de Jetstream "app.blade.php" para maquetar el frontend de su aplicación.

## 12.2. Explorando el menú nav de Jetstream

Ahora verá cómo añadir ítems de menú a nuestro nav, añadirá dos ítems de menú:

- Blog
- Cursos

En el archivo "app.blade.php" verá la siguiente línea de código:

```
@livewire('navigation-menu')
```

Esto le está indicando que el menú nav se encuentra en el archivo "navigation-menu.blade", este archivo se encuentra en la ruta:

```
resources/views/navigation-menu.blade.php
```

Dentro de este archivo verá lo siguiente:

```
<!-- Navigation Links -->
<div class="hidden space-x-8 sm:-my-px sm:ml-10 sm:flex">
   <x-jet-nav-link href="{{ route('dashboard') }}" :active="request()-
>routeIs('dashboard')">
      {{ __('Dashboard') }}
   </x-jet-nav-link>
</div>
```

Copie el mismo código del componente y péguelo debajo dos veces, después cambie donde pone "dashboard" por "blog" y "cursos", también quite el "route()" del "href". El código deberá estar así:

```
<!-- Navigation Links -->
<div class="hidden space-x-8 sm:-my-px sm:ml-10 sm:flex">
   <x-jet-nav-link href="{{ route('dashboard') }}" :active="request()-
>routeIs('dashboard')">
      {{ __('Dashboard') }}
   </x-jet-nav-link>
   <x-jet-nav-link href="" :active="request()->routeIs('blog')">
      {{ __('Blog') }}
   </x-jet-nav-link>
   <x-jet-nav-link href="" :active="request()->routeIs('cursos')">
      {{ __('Cursos') }}
   </x-jet-nav-link>
</div>
```

Ahora tiene tres veces el componente "nav-link", es importante que sepa de dónde vienen los componentes de "Jetstream" que está llamando, así que vaya a la ruta:

`/resources/views/components/`

Al final, dentro de la carpeta componentes, estarán todos los componentes de Jetstream.

Si busca el componente "nav-link.blade.php" verá que lo primero que recibe es un valor del atributo "active" por medio de los props.

```
@props(['active'])
```

Justo debajo hay una variable "$classes", que realiza una validación donde comprueba un valor bolean, si es (false) aplicará unos estilos CSS y si es (true) aplicará otros estilos CSS.

```
<a {{ $attributes->merge(['class' => $classes]) }}>
   {{ $slot }}
</a>
```

Después podrá ver que se utiliza el método "merge()" para añadir los estilos CSS que usted quiera al momento de llamar al componente.

Si vuelve al archivo "navigation-menu" verá que, dentro del atributo "active", está validando si la ruta donde se encuentra es la que está pasando, si es así true, y si no es false.

```
<x-jet-nav-link href="" :active="request()->routels('blog')">
```

Fíjese también en que delante del atributo "active" hay dos puntos, así está diciéndole a Laravel que se espera recibir una variable o un boleano, si no se ponen los dos puntos delante del atributo solo pasará un string.

Si revisa su frontend verá que aparecen los dos ítems en el menú de su dashboard.

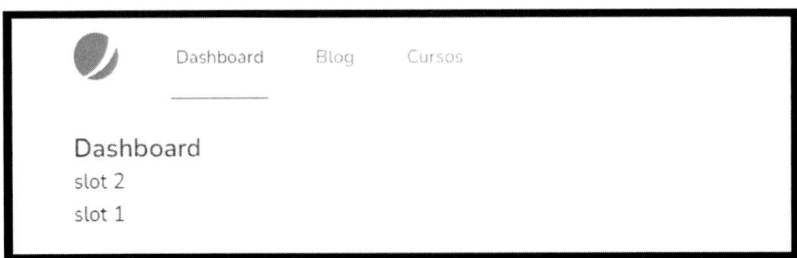

Ahora otra cosa importante que debe tener en cuenta es que en el archivo "navigation-menu" hay dos tipos de menú: el menú para pc, que es el que ha estado trabajando, y el menú responsive, que es el menú que se visualiza en los dispositivos móviles y tablets.

```
<div class="pt-2 pb-3 space-y-1">
   <x-jet-responsive-nav-link href="{{ route('dashboard') }}" :active="request()->routeIs('dashboard')">
      {{ __('Dashboard') }}
   </x-jet-responsive-nav-link>
</div>
```

En este código puede ver que solo está mostrando un ítem de menú, que es el dashboard.

Si utiliza el inspector para ver la pantalla en los dispositivos móviles, verá que en el frontend se ve solo el ítem de menú del dashboard.

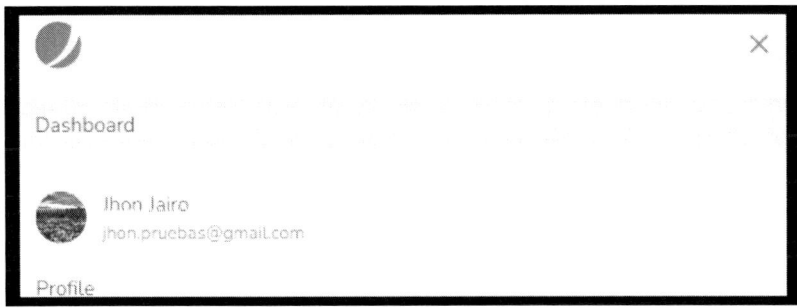

Ahora vaya al código, copie y pegue dos veces más el componente "responsive-nav-link" y añade "Blog" y "Cursos".

```
<div class="pt-2 pb-3 space-y-1">
   <x-jet-responsive-nav-link href="{{ route('dashboard') }}" :active="request()->routeIs('dashboard')">
      {{ __('Dashboard') }}
   </x-jet-responsive-nav-link>
   <x-jet-responsive-nav-link href="" :active="request()->routeIs('blog')">
      {{ __('Blog') }}
   </x-jet-responsive-nav-link>
```

```
<x-jet-responsive-nav-link href="" :active="request()->routeIs('cursos')">
    {{ __('Cursos') }}
  </x-jet-responsive-nav-link>
</div>
```

Si comprueba de nuevo el menú en vista móvil verá que ahora aparecen los otros dos ítems de menú que ha añadido.

## 12.3. Modificando el logo de nuestro dashboard Jetstream

Para modificar el logo primero debe localizar el logo, para ello abra el archivo "navigation-menu.blade", que se encuentra en la ruta:

```
resources/views/navigation-menu.blade.php
```

Aquí al principio, y justo antes de donde añadió anteriormente los ítems del menú para el pc, verá que hay un bloque que pone ("<!-- Logo -->"), el código que hay aquí es el siguiente:

```
<!-- Logo -->
<div class="shrink-0 flex items-center">
  <a href="{{ route('dashboard') }}">
    <x-application-mark class="block h-9 w-auto" />
  </a>
</div>
```

Fíjese en que el logo esté envuelto por una etiqueta ("href"), que redireccione a la página de inicio del dashboard, y dentro llame al componente (x-application-mark), este componente se encuentra en la ruta:

```
/resources/views/components/
```

Si busca el archivo "aplication-mark.blade", verá que dentro está el código para mostrar el SVG imagen del logo.

En la versión de Laravel 9, para poder utilizar los componentes debe ejecutar la línea de comando:

```
php artisan vendor:publish --tag=jetstream-views
```

Esta línea de comando puede verla en la documentación oficial de Jetstream, que está en la siguiente URL:

https://jetstream.laravel.com/installation.html

En la versión 10 de Laravel solo basta con modificar el componente "aplication-mark.blade", que está dentro de la carpeta "components".

Al abrir el archivo ya podremos modificar el logo y ver los cambios en el frontend.

## 12.4. Cómo reutilizar la plantilla que nos proporciona Jetstream

Como ya ha repasado todo lo que tiene la plantilla y ha visto que está hecha a base de componentes puede empezar por crear el menú de navegación. Lo que hará será un array donde pondrá los datos de los ítems del menú, así utilizará este mismo array para crear los ítems tanto del menú "PC" como del menú "MOVIL".

Abra el archivo "navigation-menu.blade", que se encuentra en la carpeta "resources/views", dentro del archivo en la primera línea cree una zona PHP y dentro el array anterior.

```
@php

  $items = [
    [
      'name'    => __('Dashboard'),
      'route'   => route('dashboard'),
      'active'  => request()->routeIs('dashboard')
    ],
    [
      'name'    => __('Blog'),
      'route'   => '',
      'active'  => request()->routeIs('blog')
    ],
```

```
    [
      'name'    => __('Cursos'),
      'route'   => '',
      'active'  => request()->routeIs('cursos')
    ]
  ];

@endphp
```

Despues de esto guarde los cambios y ahora vaya más abajo, donde llamó al componente para crear el ítem, aquí pondrá un bucle "foreach" para recorrer el array que ha creado.

```
<!-- Navigation Links -->
<div class="hidden space-x-8 sm:-my-px sm:ml-10 sm:flex">
   @foreach ($items as $item)

      <x-nav-link href="{{ $item['route'] }}" :active="$item['active']">
        {{ $item['name'] }}
      </x-jet-nav-link>

   @endforeach

</div>
```

Ahora, siguiendo con los ajustes del menú de navegación para preparar su plantilla de Jetstream, va a modificar la función que hace el logo, es decir, al clicar en el logo no debería de redirigirle al "dashboard", sino que debería redirigirle a la página de inicio.

Para modificar esto abra primero el archivo "web.php2, que se encuentra dentro de la carpeta "routes", aquí va a añadirle un nombre a la ruta de la vista "welcome". Le pondrá "home".

```
Route::get('/', function () {
   return view('welcome');
})->name('home');
```

Despues de nombrar la ruta irá de nuevo al archivo "navigation-menu.blade.php", y en la parte donde está el logo cambiará el nombre de la ruta a "home".

```
<a href="{{ route('home') }}">
```

El código donde está la parte del logo ha de estar así:
```
<!-- Logo -->
<div class="shrink-0 flex items-center">
   <a href="{{ route('home') }}">
      <x-application-mark class="block h-9 w-auto" />
   </a>
</div>
```

Ahora, si prueba a hacer clic en el logo verá que le redirige a la página de inicio.

El siguiente paso será extender la plantilla de Jetstream a la página de inicio para traer la barra del menú de navegación, para ello abra el archivo "welcome.blade" que se encuentra en la carpeta "views".

```
1
2   {{-- <!DOCTYPE html>
3 > <html lang="{{ str_replace('_', '-', app()->getLocale()) }}">…
133   </html> --}}
```

Todo el código de esta página lo va a contraer y comentar. Lo que debe hacer es traer a la página de inicio o home es la plantilla principal, que es "app.blade.php", y que se encuentra dentro de la carpeta "layouts".

Ahora en este mismo archivo, y justo encima de donde ha comentado el código, llamará al componente "AppLayout.php", que se encuentra en la ruta:

```
app/View/Components/AppLayout.php
```

Para llamar a este componente en el archivo "welcome.blade.php" escriba lo siguiente:

```
<x-app-layout>

</x-app-layout>
```

Con este componente traerá la vista del archivo "app.blade.php".

El siguiente paso será añadir unos condicionales para mostrar esta vista cuando el usuario no esté autentificado, porque si ahora cierra la sesión le dará un error.

Este mensaje dice que se produjo un error al intentar leer la propiedad que muestra la foto de perfil del usuario, así que en esta parte del código es donde debe crear unos condicionales en caso de que el usuario esté o no esté autenticado.

Para ello, lo primero que hará será abrir el archivo "navigation-manu.blade", que se encuentra dentro de la carpeta "resources/views", en este archivo ubicará el bloque de código donde llamó al componente "x-jet-dropdown", aquí encontrará el comentario de cabecera "<!-- Settings Dropdown -->".

```
99
100          <!-- Settings Dropdown -->
101          <div class="ml-3 relative">
102
103              <x-jet-dropdown align="right" width="48">···
150              </x-jet-dropdown>
151
```

Comprima este componente para que pueda ver dónde se abre y cierra el componente.

Una vez separado va a meter todo el código dentro de la directiva "@auth", también pondrá un "@else" por si el usuario no está autenticado para añadir los enlaces de "Login" y "Registro", justo como puede ver en la siguiente imagen:

```
<!-- Settings Dropdown -->
<div class="ml-3 relative">

    @auth
        <x-jet-dropdown align="right" width="48">…
        </x-jet-dropdown>
    @else
        <a href="{{ route('login') }}" class="text-sm text-gray-700 dark:t
        <a href="{{ route('register') }}" class="ml-4 text-sm text-gray-70
    @endauth

</div>
```

Los enlaces de "Login" y "Registro" que ha puesto aquí los ha copiado del archivo "welcome.blade.php".

Despues de esto guarde los cambios y en este mismo archivo busque el bloque de código con el comentario "<!-- Responsive Settings Options -->".

```
186              <!-- Responsive Settings Options -->
187              @auth
188 >                <div class="pt-4 pb-1 border-t border-gray
255                  </div>
256              @else
```

```
<!-- Responsive Settings Options -->
@auth
    <div class="pt-4 pb-1 border-t border-gray-200">…
    </div>
@else

@endauth
```

Contraiga el bloque que hay aquí y póngalo dentro de la directiva de autenticación, ahora, debajo del "@else", cree un contenedor y ponga los enlaces de "Login" y "Registro".

```
<div class="py-1 border-t border-gray-200">
   <x-responsive-nav-link href="{{ route('login') }}" :active="request()-
>routels('login')">
      {{ __('Login') }}
   </x-responsive-nav-link>
```

```
    <x-responsive-nav-link href="{{ route('register') }}" :active="request()-
>routeIs('register')">
        {{ __('Resgister') }}
    </x-responsive-nav-link>
</div>
```

Solo es copiar los que hay más arriba y pegarlos aquí, obviamente cambiando después el nombre de la ruta.

Después de todos estos ajustes ahora podrá ver que en el frontend aparece el mismo menú de navegación que cuando estaba autenticado.

Por último, cambie el link del dashboard y ponga "home", así que en este mismo archivo al principio, donde puso el array "$items", modificará el primer objeto.

```
[
    'name'    => __('Home'),
    'route'   => route('home'),
    'active'   => request()->routeIs('home')
],
```

Ahora también modificará donde tiene el menú responsive.

```
<x-responsive-nav-link href="{{ route('home') }}" :active="request()-
>routeIs('home')">
    {{ __('Home') }}
</x-responsive-nav-link>
```

Con esto último ya tendría lista la barra de navegación para todas las vistas que quiera añadir a su proyecto.

## 12.5. Qué son los middlewares en Laravel

Un middleware es un software que proporciona un enlace entre aplicaciones, sistemas o proyectos independientes.

En otras palabras, es un elemento que se usa como la vía para conectar dos aplicaciones o dos partes, su función es pasar datos entre ellas o de un lado a otro.

De hecho, su significado es "medio" y se fabrica e implementa en cualquier área, un middleware puede ser un hardware, este término se usa desde hace varias décadas en informática.

En Laravel se puede decir que un middleware es un archivo que filtra las peticiones HTTP en un sistema, es un archivo adicional que va en el medio de la petición y en medio de eso que se quiere ver como resultado final (un controlador, vista, archivo PDF o cualquier cosa).

En otras palabras, es una capa adicional donde puede colocar la lógica de acceso.

En términos sencillos tiene lo siguiente: un middleware altera el flujo, este puede devolver la respuesta deseada o una redirección a una página de error, mensaje o estado HTTP.

Va a crear un middleware de ejemplo, para ello abra el archivo "web.php" y cree la siguiente ruta:

```
Route::get('suscribed', function () {
    return 'Has accedido al panel de suscriptor';
});
```

Ahora cree el middleware para otorgar o denegar el acceso a esta ruta que ha creado. Escriba la línea de comando:

```
php artisan make:middleware Suscribed
```

Toda la documentación oficial de Laravel para crear estos middlewares puede encontrarla en la siguiente URL:

https://laravel.com/docs/10.x/middleware

Después de aplicar la línea de comando vaya a la ruta "app/Http/Middleware" y aquí vea que se ha creado un nuevo archivo "Suscribed.php". Dentro de este archivo encontrará la clase "Suscribed", y dentro el siguiente método:

```
public function handle(Request $request, Closure $next)
{
    return $next($request);
}
```

Este método "handle" se encargará de filtrar las solicitudes HTTP.

El siguiente paso será registrar este middleware que ha creado, y para ello abrirá el archivo "Kernel.php", que se encuentra en la ruta "app/Http/Kernel.php". Dentro de este archivo al final buscará un array donde se añadan las rutas (middleware).

```
protected $routeMiddleware = [
    'auth' => \App\Http\Middleware\Authenticate::class,
    'auth.basic' =>
\Illuminate\Auth\Middleware\AuthenticateWithBasicAuth::class,
    'auth.session' => \Illuminate\Session\Middleware\AuthenticateSession::class,
    'cache.headers' => \Illuminate\Http\Middleware\SetCacheHeaders::class,
    'can' => \Illuminate\Auth\Middleware\Authorize::class,
    'guest' => \App\Http\Middleware\RedirectIfAuthenticated::class,
    'password.confirm' => \Illuminate\Auth\Middleware\RequirePassword::class,
    'signed' => \App\Http\Middleware\ValidateSignature::class,
    'throttle' => \Illuminate\Routing\Middleware\ThrottleRequests::class,
    'verified' => \Illuminate\Auth\Middleware\EnsureEmailIsVerified::class,
];
```

En este array al final añadirá su middleware, pondrá un nombre para la ruta y añadirá la ruta de la clase.

```
'suscribed' => \App\Http\Middleware\Suscribed::class,
```

Después de esto guarde los cambios y abra de nuevo el archivo "web.php", dentro de este archivo, en la ruta que creó para la página "suscribed", añada el middleware y se verá así:

```
Route::get('suscribed', function () {
    return 'Has accedido al panel de suscriptor';
})->middleware('suscribed');
```

El siguiente paso será abrir el archivo "Suscribed.php", que está en la ruta "App\Http\Middleware\". Aquí tiene el método "handle", que recibe dos parámetros:

- "$request"
- "$next"

Dentro del método tiene un "return".

```
return $next($request);
```

Este "return" permite que la solicitud HTTP continúe, si en el frontend ponemos la URL:

http://jetstream.test/suscribed

Podrá ver el mensaje que muestra en la vista.

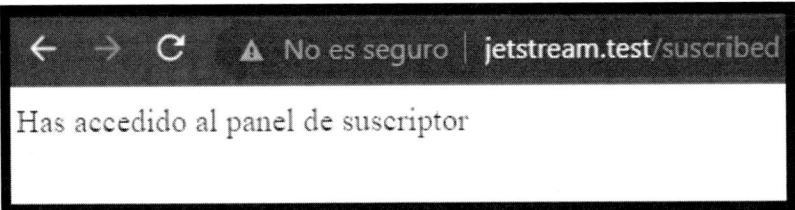

Ahora si por ejemplo comenta el "return" que hay en el método "handle", dentro del archivo "Suscribed.php", y lo remplaza por un return que le redireccione a la página de inicio.

```
public function handle(Request $request, Closure $next)
{
  // return $next($request);
```

```
    return redirect('/');
}
```

Verá que ya no tiene acceso a la página "suscribed" y le redireccionará al inicio.

http://jetstream.test/suscribed

Como puede ver en el método "handle" es donde se establece la lógica de programación que permite al usuario acceder a la página "suscribed".

Como ejemplo, pasará un parámetro por la URL para validar el acceso a la página "suscribed", para ello creará un condicional en el método "handle".

```
public function handle(Request $request, Closure $next)
{
    // return $next($request);
    if($request->autorizado == 1){
        return $next($request);
    }else{
        return redirect('no-autorizado');
    }

}
```

Como puede ver en este condicional está pasando por "request" el parámetro "autorizado", y si es igual a 1 entonces tiene el return que le permite continuar:

```
return $next($request);
```

En caso contrario, redirecciona a la ruta "no-autorizado", para probarlo escriba en la URL:

http://jetstream.test/suscribed?autorizado=1

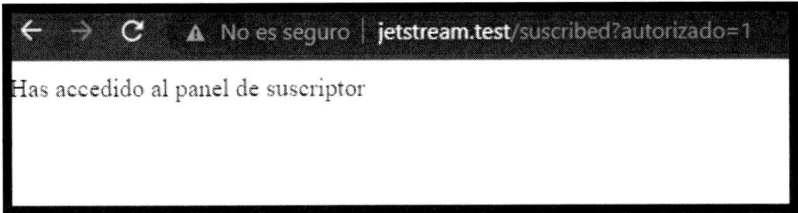

Si en vez de uno (1) ponemos un cero (0) esto le redirigirá a la ruta "no-autorizado".

Normalmente no se suelen hacer comprobaciones de acceso por un parámetro pasado en una URL. Lo que se hace es comprobar los datos de acceso que tiene en una base de datos.

Como ejemplo, hay un condicional donde validará el email que tiene guardado.

```php
public function handle(Request $request, Closure $next)
{
  // return $next($request);
  if(auth()->user()->email == "jhonja14795@gmail.com"){
    return $next($request);
  }else{
    return redirect('no-autorizado');
  }

}
```

Recuerde que este es el email que puso al registrarse, si en otro caso se va a la página "suscribed" redirigirá a la página "no-autorizado", pues el correo con el que se hizo el registro fue "jhon.pruebas@gmail.com".

Es importante que al hacer esta prueba esté autentificado, es decir, que haya hecho el login, de lo contrario saldrá un error.

Puedes hacer un "dump()" y comprobar el correo para ver que es el correcto.

```php
dump(auth()->user()->email);
```

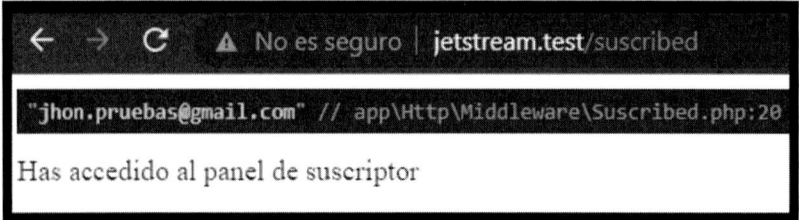

Ahora solucionará el error que sale al intentar acceder a la página "suscribed" sin estar autenticado.

Lo que hará será añadir una ruta más al método "middleware" que tiene en el archivo "web.php".

```
Route::get('suscribed', function () {
    return 'Has accedido al panel de suscriptor';
})->middleware(['auth:sanctum', 'suscribed']);
```

Con esto lo que pasará es que ahora le redirigirá a la página de login.

# MÓDULO 13
# MODELOS Y RELACIONES DE BASES DE DATOS DE LARAVEL

## 13.1. Cómo diseñar una base de datos (Modelo Conceptual)

Los modelos de datos definen cómo se modela la estructura lógica de una base de datos. Los modelos de datos son entidades fundamentales para introducir la abstracción en una base de datos.

Los modelos de datos definen cómo los datos se conectan entre sí y cómo se procesan y almacenan dentro del sistema.

El primer modelo de datos fue el modelo de datos planos, donde todos los datos utilizados se mantendrían en el mismo plano.

Los primeros modelos de datos no eran tan científicos, por lo tanto, eran propensos a introducir muchas anomalías de duplicación y actualización.

Un modelo de datos puede ser concreto o abstracto, y están representados por la notación de modelado de datos, que a menudo se presenta en formato gráfico.

Su enfoque principal es apoyar y ayudar a los sistemas de información mostrando el formato y la definición de los diferentes datos Involucrados.

También ayudan a evitar la redundancia de datos. La información almacenada en los modelos de datos es de gran importancia para las empresas porque dicta las relaciones entre las tablas de la base de datos, las claves externas y los eventos involucrados.

Los tres tipos básicos de modelos de datos son:

1. Modelos de datos conceptuales
2. Modelos de datos físicos
3. Modelos de datos lógicos

A continuación, va a ver cómo puede agrupar la información para crear su modelo.

Como ejemplo, suponga que está creando un blog y el cliente establece unas reglas para el blog o la aplicación que desea. Las reglas son las siguientes:

**Reglas del negocio:**

1. Los usuarios de la página pueden registrarse y hacer login. La información que necesitamos almacenar son el nombre, el correo y la dirección.
2. Habrá usuarios que tendrán el perfil de creadores. En el perfil de creadores almacenaremos el título, la biografía y la urlweb.
3. Los creadores pueden escribir uno o más posts. Los posts solo pueden tener un único autor.
4. Los posts deben tener portada, título, descripción y categoría. También pueden tener una o más etiquetas.
5. Los posts van a poder ser comentados por los usuarios.

La idea de estas reglas de negocio es mostrar el modelo conceptual de forma visual para que el cliente lo pueda comprender.

Para representar el modelo conceptual podemos basarnos en el diagrama entidad => relación.

Dentro de las reglas de negocio deben buscarse las entidades, que vienen a ser objetos reales o conceptuales que tengan ciertos atributos.

| N.º | ENTIDAD | ATRIBUTOS |
|---|---|---|
| 1 | usuarios | Id, nombre, correo, dirección |
| 2 | creadores | Id, título, biografía, urlweb |
| 3 | creadores | |
| 4 | posts | Id, título, contenido, categoría, tags, imagen |
| 5 | comentario | Id, mensaje, quien lo escribió |

Como puede ver en esta tabla se han separado las entidades de los atributos que tenía en los cinco puntos de la regla de negocio.

Ahora que ya tiene esto puede dibujar su diagrama. Puede hacerlo con hoja y papel o puede utilizar un programa llamado Dia en la siguiente URL:

http://dia-installer.de/index.html.es

Después de descargar e instalar el programa seleccione la opción "otras hojas", y después seleccione la opción "ER".

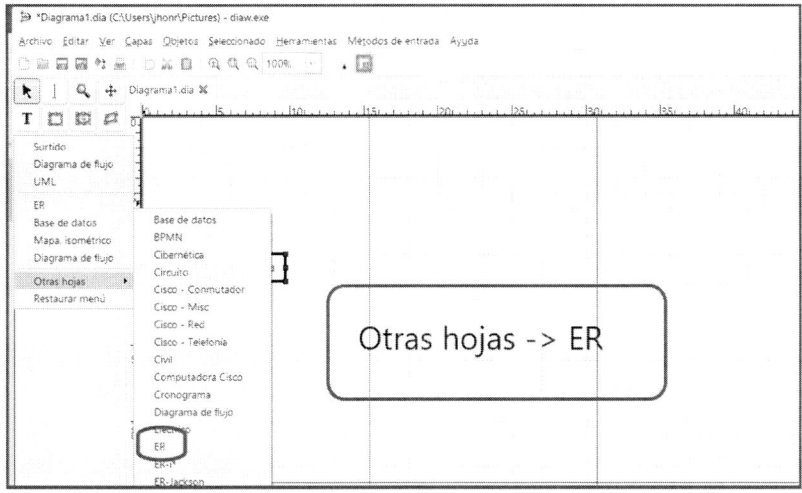

Una vez seleccione esta opción aparecerán otras opciones justo debajo.

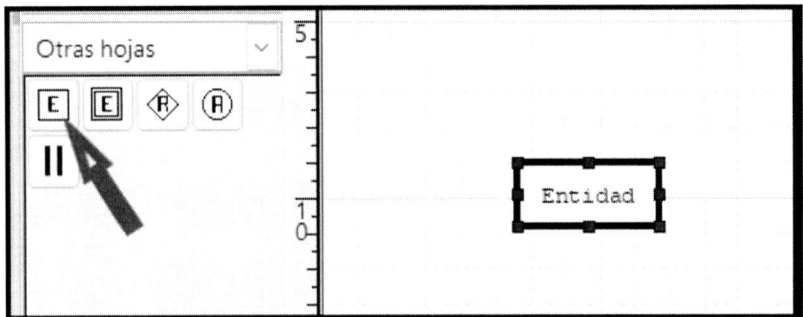

Seleccione la primera, que es un cuadrado con la letra E, esta opción le permitirá crear las entidades, creará las cinco entidades que tiene en la tabla.

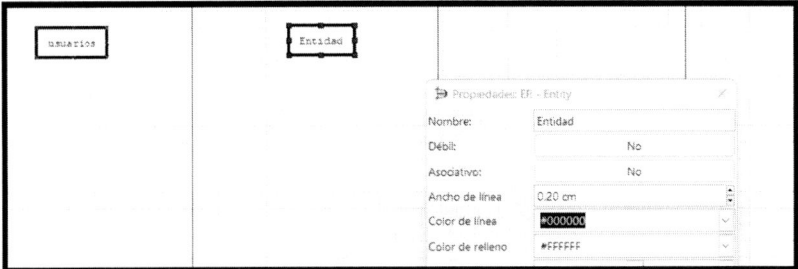

Si hace doble clic encima de la entidad aparecerá una ventana, aquí cambiará el nombre. Después de crear las entidades creará las relaciones, y para ello usará los rombos.

Las relaciones son:

*   Usuarios => pueden ser => creadores

*   Creadores => escriben => posts

*   Posts => contienen => comentarios

Después de crear los rombos el esquema se verá así:

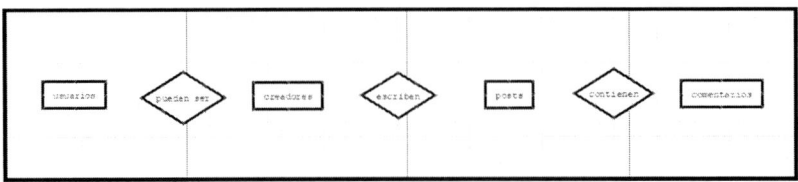

Ahora unirá las entidades con los rombos, para ello utilizará la opción línea.

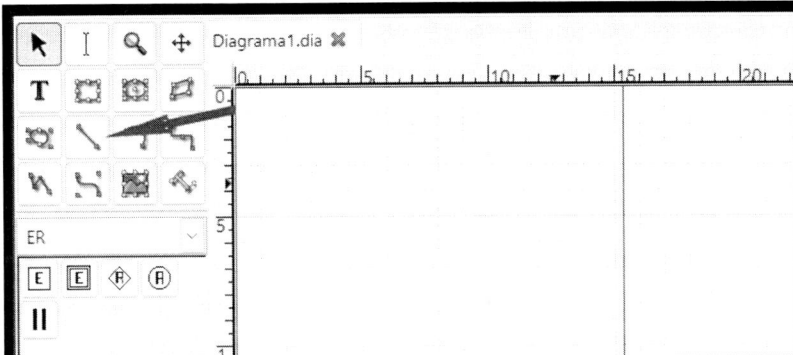

Ahora haga doble clic en los rombos y establezca la cardinalidad de derecha e izquierda.

Para establecer la cardinalidad tome de base un mínimo y un máximo, es decir, en la primera cardinalidad, que es la del primer rombo, se puede preguntar:

1. Como mínimo cuántos perfiles de creador tendré, puedo decir que cero (0) y como máximo uno (1). Esta sería la cardinalidad de derecha.
2. El perfil de creador como mínimo a cuántos usuarios corresponderá, corresponderá a un usuario (1) y como máximo a un usuario (1). Ahora tiene la cardinalidad a izquierda.

Ahora con esta información debe buscar la relación.

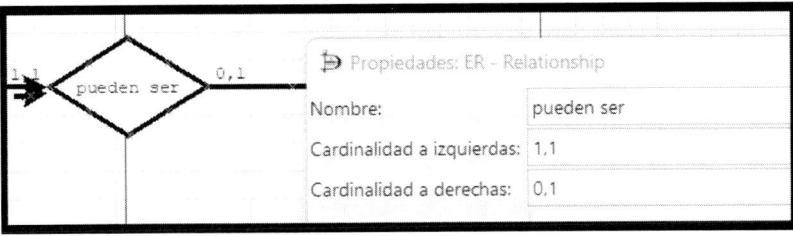

Ahora que tiene la cardinalidad de izquierda ( 1, 1 ) y la cardinalidad de derecha ( 0, 1 ) debe de elegir el mayor de los números de derecha y el mayor de los números de izquierda. Esto sería "1" y "1".

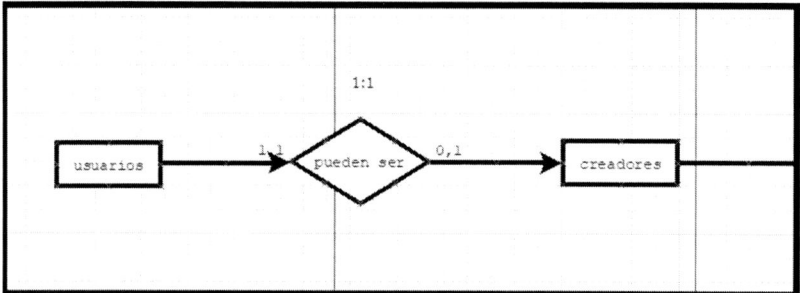

Vaya al programa Dia y seleccione la opción de "texto". Así que encima del primer rombo pondrá 1:1.

Para establecer la cardinalidad del segundo rombo debe preguntarse lo siguiente:

1. En la cardinalidad de derecha se preguntará lo siguiente: un creador como mínimo cuántos posts puede escribir, si se tiene en cuenta que al iniciar no se escribe ninguno será cero "0", y como máximo infinitos posts, así que pondremos "n".
2. Ahora en la cardinalidad de izquierda se preguntará lo siguiente: un post por cuántos creadores puede ser escrito, puede ser escrito por un usuario "1" y como máximo por cuántos usuarios puede ser escrito, es decir cuántos autores pueden tener un post, un post puede tener uno o varios, depende de las reglas del negocio, así que cabe poner un único autor, que es cómo funciona habitualmente. Pondrá uno, "1".

Ahora que tiene la cardinalidad de izquierda (1, 1) y la cardinalidad de derecha (0, n), debe elegir el mayor de los números de derecha y el mayor de los números de izquierda. Estos serían "1" y "n".

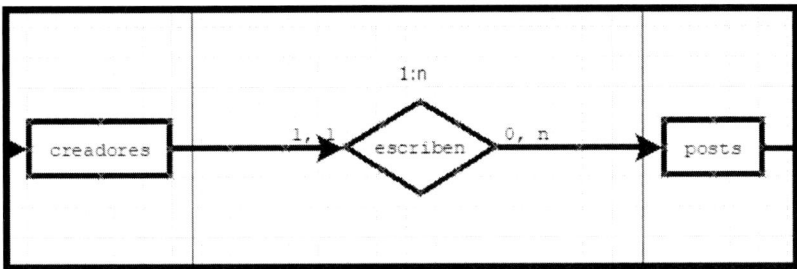

Ahora establezca la relación, igual que antes la pondrá encima del rombo (1:n).

Ahora establezca la cardinalidad que hay en el último rombo. Ahora debe preguntarse lo siguiente:

1. En la cardinalidad de derecha se preguntará lo siguiente: un post como mínimo cuántos comentarios puede tener, un post como mínimo puede tener cero comentarios "0", y como máximo infinitos comentarios, es decir "n", la cardinalidad de derecha será (0, n).

2. Ahora en la cardinalidad de izquierda se preguntará lo siguiente: un comentario en cuántos posts puede estar, como mínimo un comentario puede estar en un solo post, "1", y como máximo un comentario puede estar en un post, "1". Es decir, que el mismo comentario no puede estar en varios posts. La cardinalidad de izquierda será (1, 1).

Ahora con esta información debe buscar la relación.

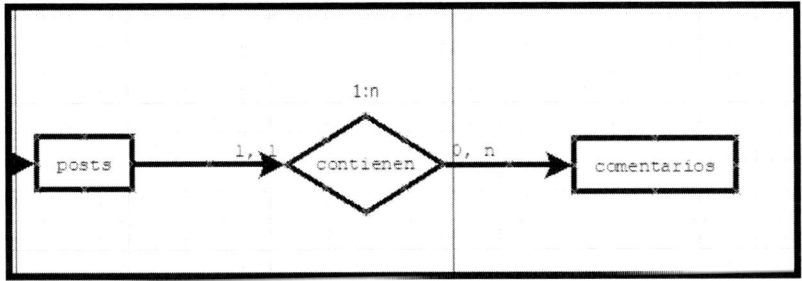

Ahora añada los atributos de las entidades, empiece por añadir los atributos de la entidad "usuarios", para ello va a utilizar el rombo que pone atributo.

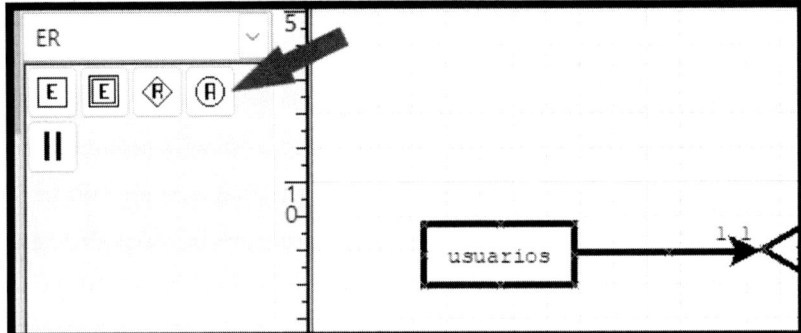

Al crear los atributos debe tener en cuenta que la dirección será un atributo que almacenará varios valores, como "Calle", "Numero", "Bloque", "Ciudad". Así que a este atributo le añadirá la propiedad multivalor.

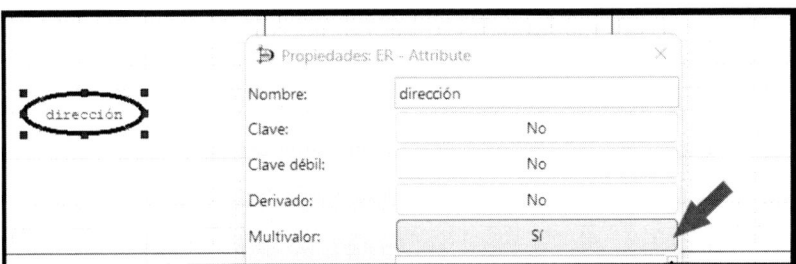

Después de poner los atributos para los "usuarios" debería quedar así:

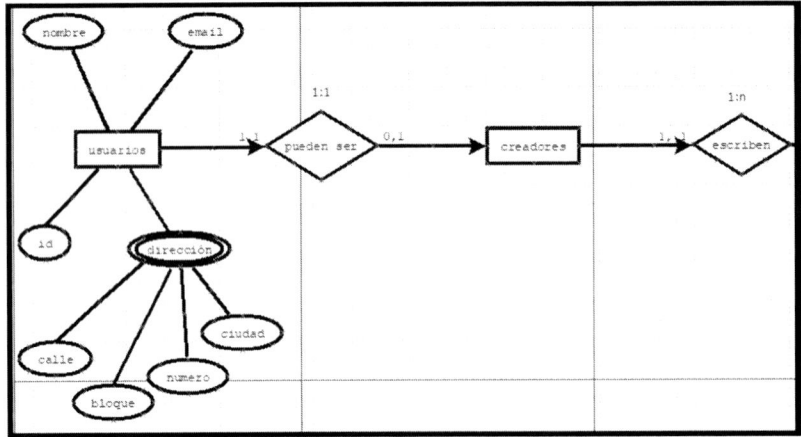

Ahora siga con las entidades de "creadores" y "posts".

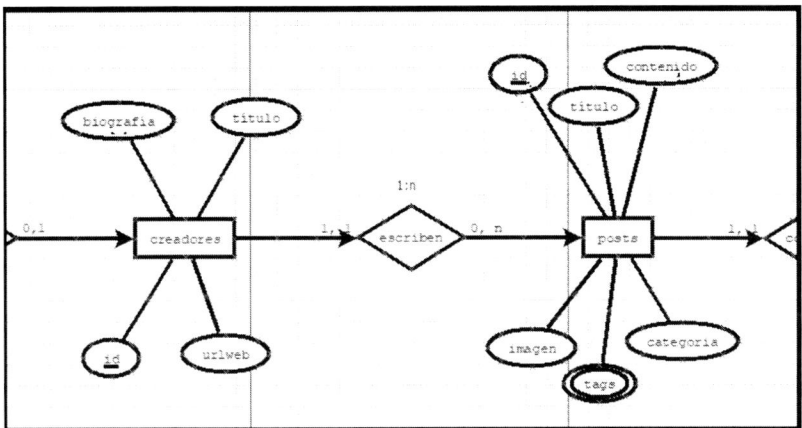

En el atributo "id" pondrá la propiedad de clave, por último, creará los atributos para la última entidad, que es "comentarios".

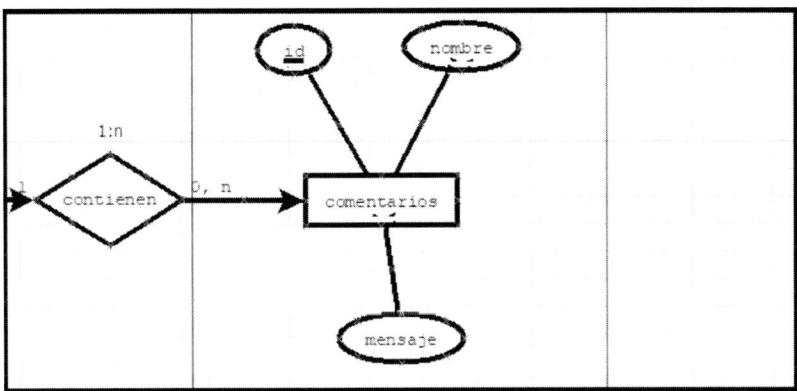

Con esto ya tendría el modelo conceptual de esta base de datos.

Este diagrama puede descargarlo en la siguiente URL:

https://newtheme.eu/laravel/recursos/diagrama/diagrama1blog.zip

## 13.2. Modelo conceptual complejo

Ahora va a modificar las reglas del negocio para añadir más entidades y atributos, de esta forma verá cómo hacer un modelo conceptual más complejo.

**Reglas del negocio:**

1. Los usuarios de la página pueden registrarse y hacer login. La información que necesitamos almacenar son el nombre, el correo y la dirección.

2. Desde la plataforma podremos asignar un rol a los usuarios registrados.

3. Los usuarios con un rol deben poder guardar información sobre su biografía, título y urlweb en un perfil para creadores.

4. Los usuarios con el rol de editor van a poder escribir posts.

5. La información que debemos almacenar sobre los posts es categoría, título, contenido y una o más etiquetas.

6. Los posts van a poder ser comentados y debemos poder almacenar el mensaje, así como el nombre de la persona que lo escribió.

7. Las personas con el rol de player van a poder subir vídeos.

8. Lo que debemos almacenar del vídeo es el título del vídeo, la descripción, la URL y las etiquetas que pueda tener el vídeo, ya sea una etiqueta o varias etiquetas.

9. Los vídeos van a poder ser comentados y debemos poder almacenar tanto el mensaje como el nombre de la persona que lo escribió.

10. Las etiquetas que se utilicen tanto para los posts como para los vídeos deben sacarse de una lista de etiquetas ya definidas.

11. El usuario debe poder subir una imagen como foto de perfil de manera opcional.

12. Se puede subir una imagen de manera opcional.

Después de modificar las reglas del negocio establezca las entidades y los atributos.

| N.º | ENTIDAD | ATRIBUTOS |
|---|---|---|
| 1 | usuarios | Id, nombre, email, dirección |
| 2 | rol | Id, nombre |
| 3 | perfil | Id, título, biografía, urlweb |
| 4 | rol | |
| 5 | posts | Id, título, contenido, categoría |
| 6 | comentarios | Id, nombre, mensaje |
| 7 | | |
| 8 | vídeos | Id, nombre, descripción, url |
| 9 | | |
| 10 | etiquetas | |
| 11 | imagen | |
| 12 | imagen | |

Como puede ver en la tabla, se han detectado 12 entidades según las reglas de negocio, por tanto, el modelo conceptual será mucho más complejo. El diagrama puede descargarlo en la URL que se ve más abajo.

https://newtheme.eu/laravel/recursos/diagrama/diagrama2blog.zip

Tienes todas las entidades con sus respectivas relaciones, ahora procederá a crear el modelo lógico de la base de datos.

**NOTA IMPORTANTE:**

Como ya verá en el vídeo, solo abriremos el diagrama para ver cómo está montado y procederá a crear el modelo lógico.

## 13.3. Modelo lógico

En este modelo lógico creará la base de datos, aquí convertirá en tablas las entidades que trabaje en el modelo conceptual.

Para crear el modelo lógico utilizará el software MySQL Workbench.

MySQL Workbench es una herramienta visual de diseño de bases de datos que integra desarrollo de software, administración de bases de datos, diseño de bases de datos, y gestión y mantenimiento para el sistema de bases de datos MySQL.

Vaya a descargarlo e instalarlo, para descargarlo puede ir a la siguiente URL:

https://dev.mysql.com/downloads/workbench/

Aquí debe crear una cuenta para poder descargar el programa.

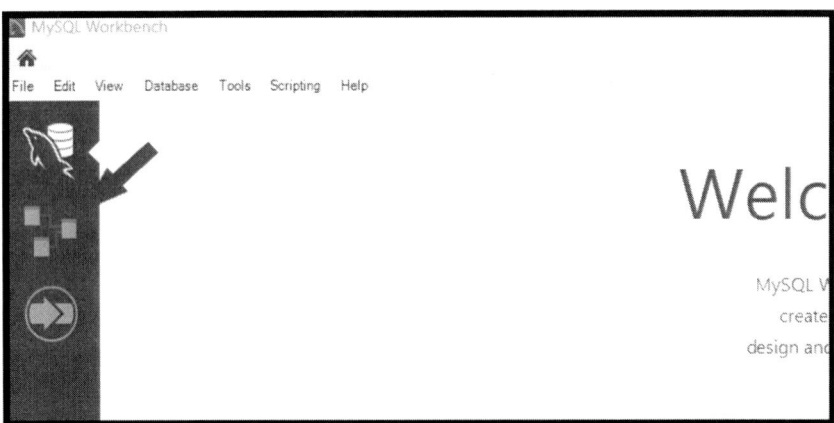

Una vez instalado el programa verá a la izquierda una columna con tres iconos, elija el segundo icono y haga clic en él, después verá que le sale la opción de crear un nuevo modelo, haga clic en el símbolo del más (+).

Después de esto verá la opción de añadir un diagrama, haga doble clic encima para crear el diagrama.

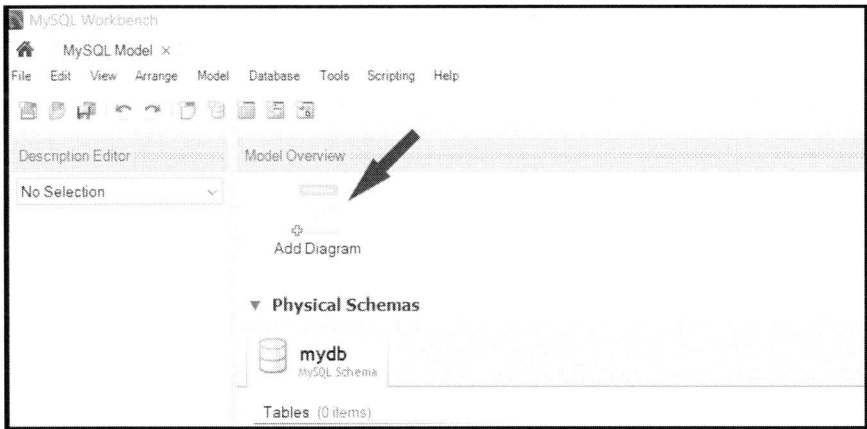

Después de esta selección se le abrirá una ventana nueva donde verá varias opciones, elija la opción de crear una nueva tabla.

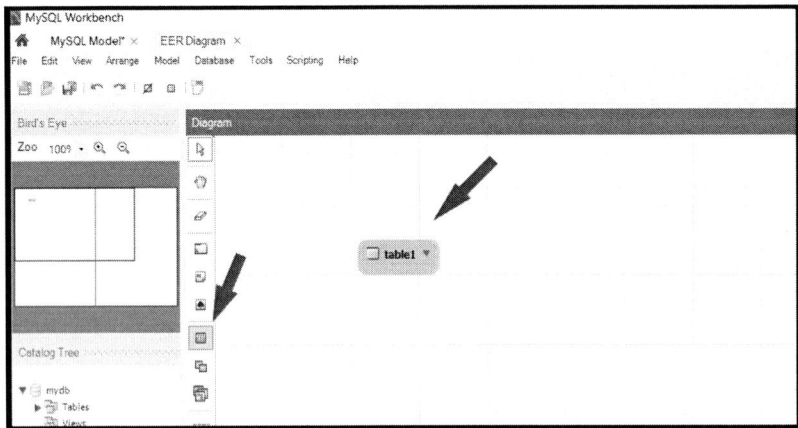

Después de elegir la opción de crear la tabla haga clic encima del diagrama para que se añada la tabla.

Ahora hará doble clic encima de la tabla y a esta primera tabla la llamaremos "usuarios", la primera columna para esta tabla será "id".

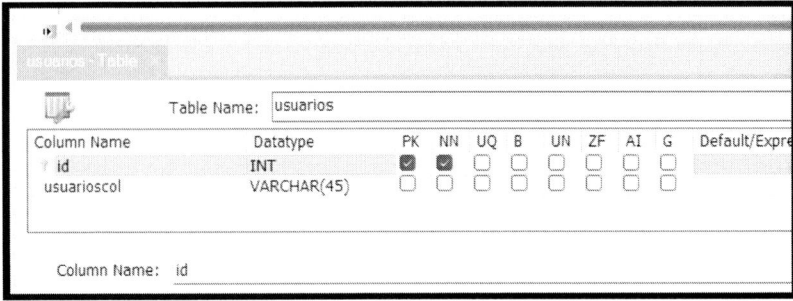

Como se puede ver en esta imagen el campo o columna "id" será la llave primaria, es decir, seleccione la opción "PK", que quiere decir "Primary Key", a esto le añadirá que sea un valor único y de autoincremento, como se puede ver en la siguiente imagen.

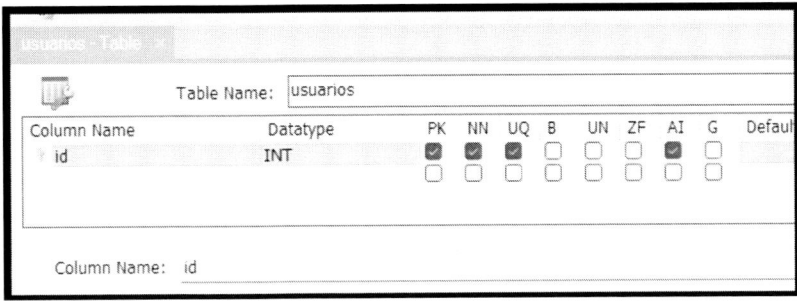

Ahora que ha visto cómo funciona creará los otros campos, que son "nombre", "email" y "direccion".

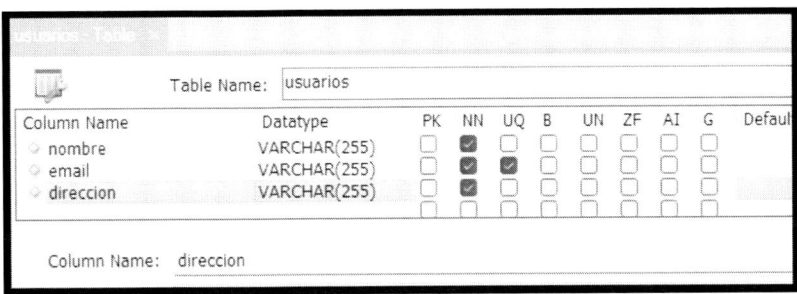

A "email" le añadirá la propiedad única porque no quiere que haya dos usuarios con el mismo email.

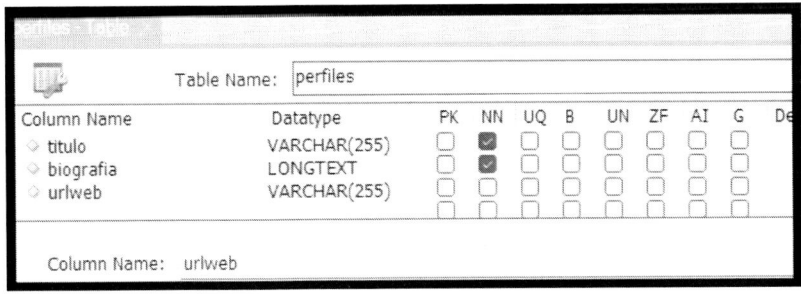

La segunda tabla será "perfiles", y en esta tabla tendrá un "id" igual que en la tabla anterior, esta será la llave primaria y le añadirá el atributo de valor único (UQ).

También tendrá los campos "titulo", "biografia", "urlweb". El campo biografía será "longtext" y el campo "urlweb" no será "notnull" en caso de que el usuario no tenga página web.

Ahora debe añadir un campo más en la tabla "perfiles". Este campo lo añadirá automáticamente con el programa Workbench, para ello seleccione la opción (1:1), después haga clic sobre la tabla "perfiles" y después clic sobre la tabla "usuarios". Esto establecerá una relación de uno a uno en estas dos tablas y creará un nuevo campo, "usuarios_id", dentro de la tabla "perfiles".

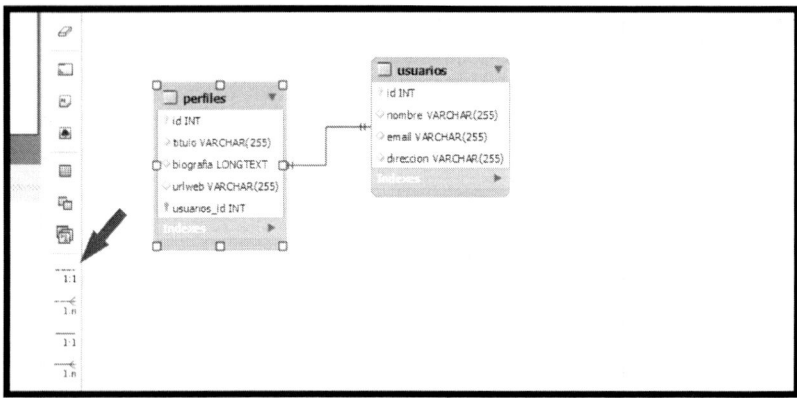

Este campo será una llave foránea o clave foránea, que es utilizada para referirse a un registro único en otra tabla (utilizando la clave primaria de esa otra tabla).

Solo existirá un perfil por cada usuario. Según la lógica que se establece en programación deberá nombrar este campo en singular, debido a que hará referencia a un usuario que viene de la tabla de usuarios, así que renombrará este campo y le pondrá "usuario_id".

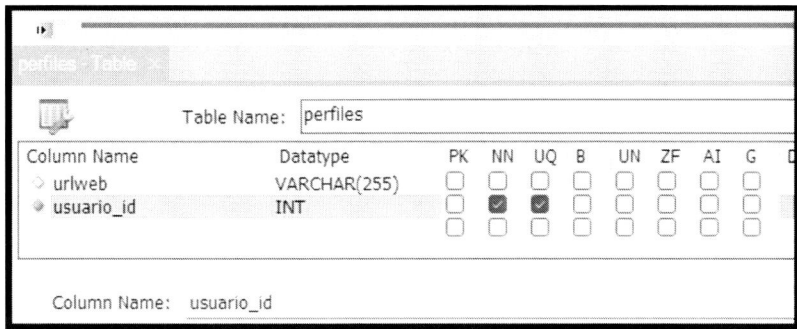

Las directivas de Laravel recomiendan que al crear una tabla escriba su nombre en plural, y la llave primaria con relación a esa tabla se nombre en singular y seguida de "_id".

Ahora creará la tabla "posts", a esta tabla le añadiremos los campos "id", "titulo", "contenido", "categoria".

**NOTA IMPORTANTE:**

Recuerde que no debe poner acentos a los nombres de los campos.

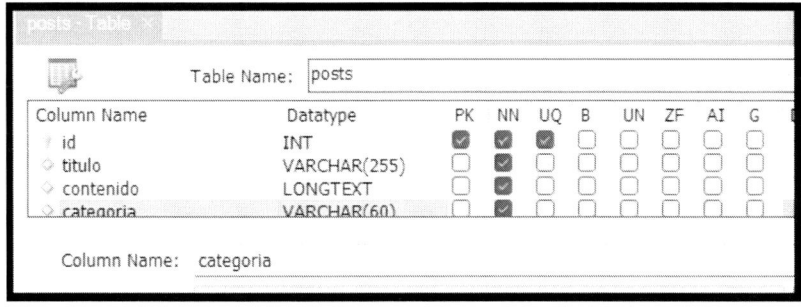

Como puede ver todos los campos tienen el atributo "Not Null", el id además de ser llave primaria tiene el atributo "Unique".

Ahora va a establecer la relación que hay entre la tabla "posts" y la tabla "usuarios", esta es una relación de uno a muchos, es decir, un mismo usuario podrá escribir muchas entradas.

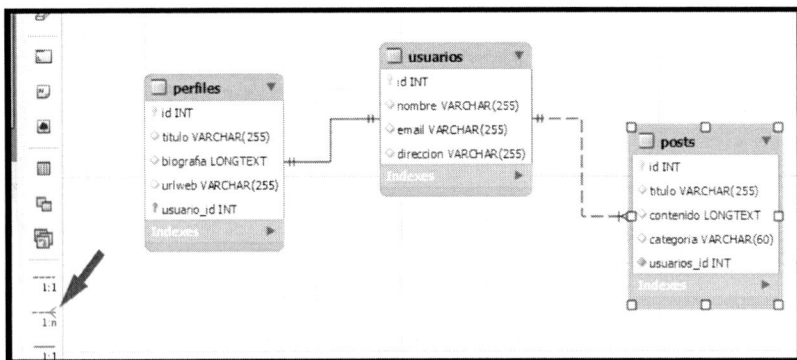

Así que haz clic sobre la opción que hay en Workbench de uno a muchos, después clic sobre la tabla donde quiere añadir la clave foránea y después clic sobre la tabla con la que relacionamos la clave foránea, es decir, la tabla "usuarios".

Recordemos modificar el nombre del nuevo campo y ponerlo en singular, "usuario_id".

Ahora crearemos la siguiente tabla, que es "videos", y los campos que crearemos serán "id", "nombre", "descripcion", "url").

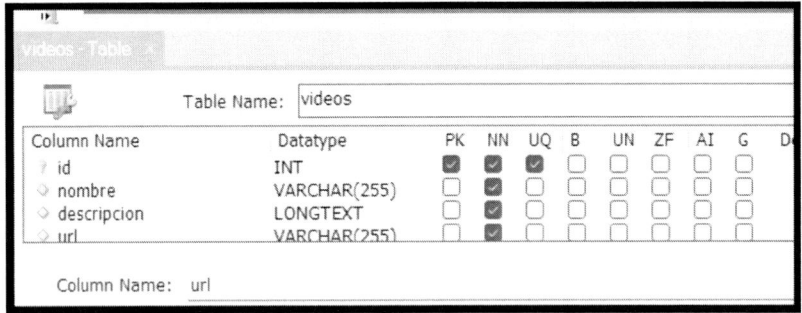

Todos los campos tendrán el atributo "Not Null", después de esto establece la relación que hay de la tabla usuarios con la tabla "videos", esta es una relación de uno a muchos. Es decir que un usuario podrá subir muchos vídeos, así que establece la relación y vea cómo aparece el campo "usuarios_id" dentro de la tabla "videos", recuerde ponerlo en singular.

La siguiente tabla que cree será la tabla roles, en esta tabla creará los campos "id", "nombre".

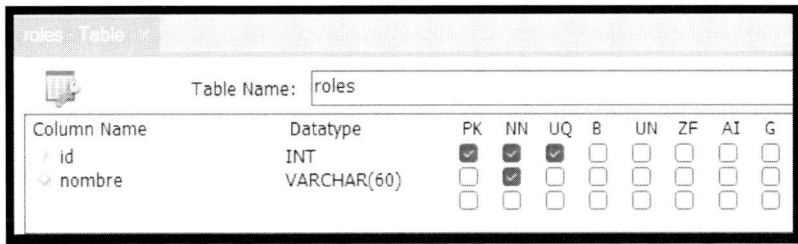

Ahora debe crear una tabla para poder establecer la relación que hay entre los usuarios y roles, de esta forma podrá asignar varios roles a un mismo usuario. Creará una nueva tabla que llamará "role_user", en esta tabla pondrá dos campos, que son "user_id", "role_id".

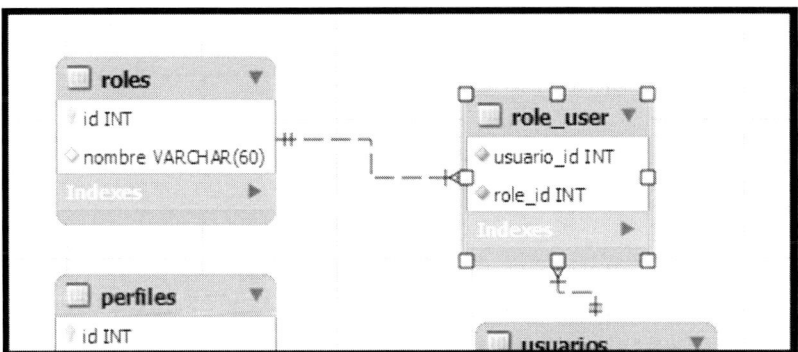

Estos dos campos los pondrá de forma automática estableciendo la relación de uno a muchos entre las tres tablas.

Ahora podrá asignar varios roles a un mismo usuario.

Lo siguiente que hará será relacionar la tabla "usuarios", "imagenes" y "posts". Para esto creará una relación polimórfica.

| imagenes | | | |
|---|---|---|---|
| id | url | user_id | post_id |
| 1 | url1 | 1 | 1 |
| 2 | url2 | | |

En la tabla "imagenes" tiene el "id" de la imagen y la URL, a continuación, podría crear dos campos más que son "user_id", "post_id".

La relación polimórfica indica que ya no pondrá esos dos campos, lo que pondrá en uno de los campos será el nombre de la tabla en singular más la terminación "able_id". Es decir, deberá llamarse "imagenable_id".

| imagenes | | | |
|---|---|---|---|
| id | url | imagenable_id | post_id |
| 1 | url1 | 1 | 1 |
| 2 | url2 | | |

En este campo pondrá bien sea el "id" del usuario o el "id" del post.

Ahora, para poder identificar si la imagen viene de un usuario "id" o de un post "id", debe agregar otro campo que tendrá el nombre de la tabla en singular más la terminación "able_type".

| imagenes | | | |
|---|---|---|---|
| id | url | imagenable_id | imagenable_type |
| 1 | url1 | 1 | 1 |
| 2 | url2 | | |

Dentro de ese campo debería poner el nombre del modelo encargado de administrar la tabla, es decir, si el "id" de la imagen pertenece a un usuario debería de ir el nombre del modelo "user".

| imagenes | | | |
|---|---|---|---|
| id | url | imagenable_id | imagenable_type |
| 1 | url1 | 1 | App\Models\User |
| 2 | url2 | 1 | App\Models\Post |
| 3 | url3 | 1 | App\Models\User |

Imagine que ahora la imagen con los "id" 1 y 3 se repiten y la relación que hay con la imagen de usuario es de uno a uno.

Aquí debería crear una clave primaria compuesta con los campos "imagenable_id" e "imagenable_type", siendo así la columna "id" de la tabla "imagenes" debería desaparecer.

| imagenes | | |
|---|---|---|
| url | imagenable_id | imagenable_type |
| url1 | 1 | App\Models\User |
| url2 | 1 | App\Models\Post |
| url3 | 1 | App\Models\User |

Ahora puede ver que la tabla queda sin la columna "id" y una clave primaria compuesta.

Ahora vaya al programa Workbench para crear la tabla "imagenes".

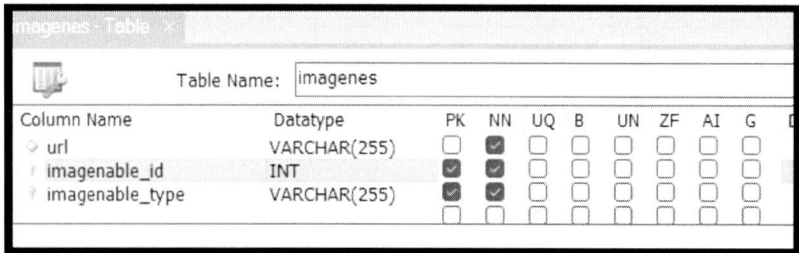

Como puede ver en la imagen, tiene los dos campos como clave primaria.

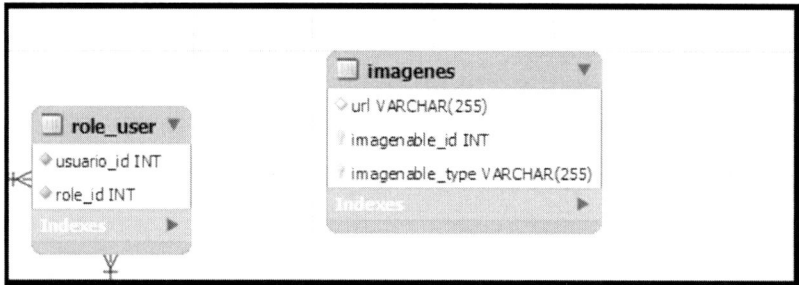

Ahora cree la tabla "comentarios", aquí se establece una relación de uno a muchos polimórfica.

La relación que debe de establecer es con las tablas "post", "comentarios" y "videos").

La relación de posts y comentarios es una relación de uno a muchos, de igual forma la relación entre videos y comentarios es una relación de uno a muchos.

Ahora vea la tabla de comentarios, sería algo así:

| | | comentarios | | |
|---|---|---|---|---|
| id | mensaje | nombre | comentarioable_id | comentarioable_type |
| 1 | m1 | N1 | 1 | App\Models\Post |
| 2 | m2 | N2 | 1 | App\Models\Post |
| 3 | m3 | N3 | 2 | App\Models\Video |
| 4 | m4 | N4 | 2 | App\Models\Video |

Aquí puede ver los campos de la columna mensajes y los campos de la columna "comentarioable_type", donde ve que hay dos comentarios que vienen de "post" y dos comentarios que vienen de "video", esto muestra la relación de uno a muchos.

Ahora cree la tabla en el diagrama de Workbench. Esta tabla llevará los campos "id", "mensaje", "nombre", "comentarioable_id", "comentarioable_type".

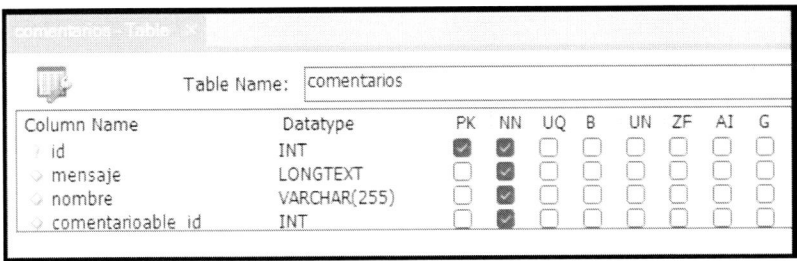

Con esto ya tendría la tabla, en la siguiente imagen vea todos los campos de la tabla y sus atributos.

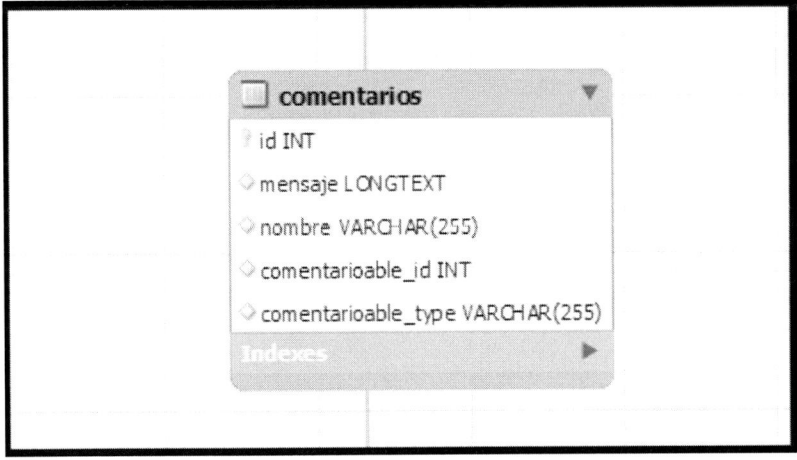

Todos estos campos tienen el atributo "Not Null".

Ahora va a relacionar las tablas "posts", "videos", "tags", para esta relación debe saber que la relación que hay entre la tabla "posts" y la tabla "tags" es una relación de muchos a muchos, y al relacionar la tabla "videos" con la tabla "tags" también se establece una relación de muchos a muchos.

Para establecer esta relación va a crear una tabla pivote, a la cual nombrará como usted quiera, en este ejemplo la llamará "tagables".

| tags | |
|---|---|
| **id** | **nombre** |
| 1 | Laravel |
| 2 | PHP |
| 3 | Python |
| 4 | Javascript |

| tagables | | |
|---|---|---|
| **tag_id** | **tagable_id** | **tagable_type** |
| 1 | Laravel | App\Models\Post |
| 2 | PHP | App\Models\Post |
| 3 | Python | App\Models\Post |
| 4 | Javascript | App\Models\Video |

En esta tabla pondrá los campos "tag_id", "tagable_id" y "tagable_type", ahora vaya a Workbench y cree las tablas "tags" y "tagables".

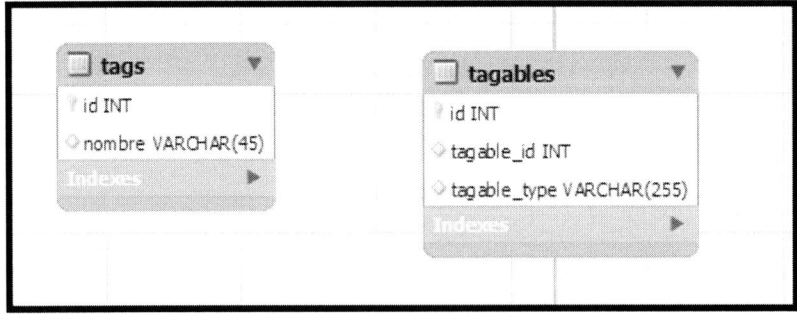

Todos estos campos tienen el atributo "Not Null", ahora establezca la relación de uno a muchos.

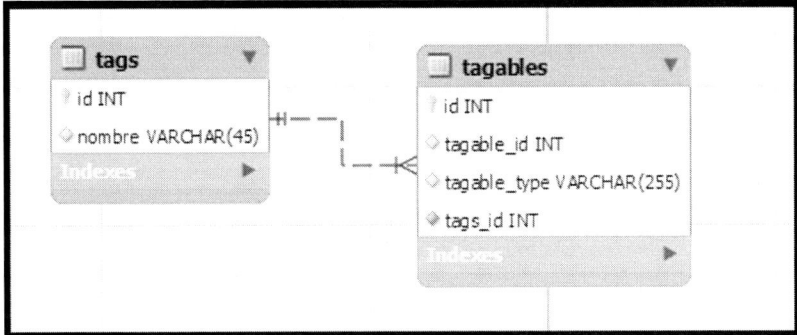

Con esto ya tendría creadas todas las tablas.

## 13.4. Normalización de bases de datos

La normalización de la base datos le va a permitir extraer datos de una forma más óptima y eliminar la redundancia de datos.

Principalmente se manejan tres formas de normalización. La primera forma normal dice que los datos que almacenemos en la base de datos deben ser datos atómicos, es decir, son datos que ya no se pueden subdividir en más campos. Así que para superar esta primera forma de normalización debe subdividir los datos que tenga en su tabla, y ahora que ya tiene creadas todas las tablas el único campo que le queda es el campo "direccion" de la tabla "usuarios", para ello cree una nueva tabla.

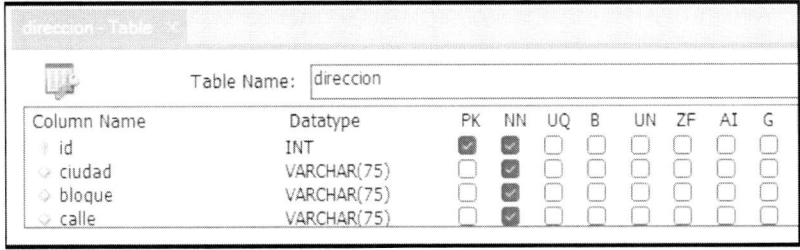

Esta tabla llevará los campos "id", "ciudad", "bloque", "calle", "numero", todos los campos serán varchar de 75 caracteres y tendrán el atributo "Not null".

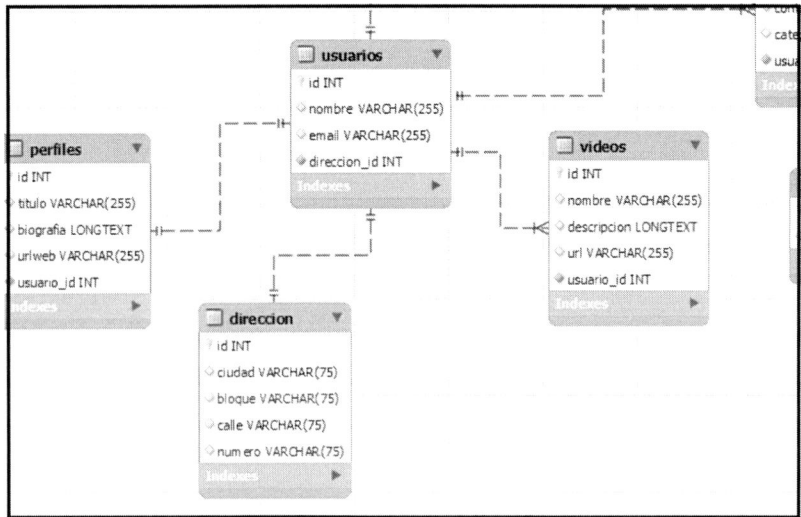

Ahora establezca una relación de uno a uno entre la tabla "direccion" y la tabla "usuarios". Para ello recuerde que debe presionar primero el botón que establece la relación y luego la tabla "usuarios" y la tabla "dirección". Después eliminará el campo de "dirección" de la tabla "usuarios" y solo dejará el campo "dirección_id" de la llave foránea.

Con esto ha podido normalizar su base de datos hasta la primera forma normal. Ahora vamos a ver la segunda forma normal, la cual dice que las tablas ya deben tener la primera forma normal, y que también debe existir una dependencia funcional completa de todos los campos de una tabla con su clave primaria.

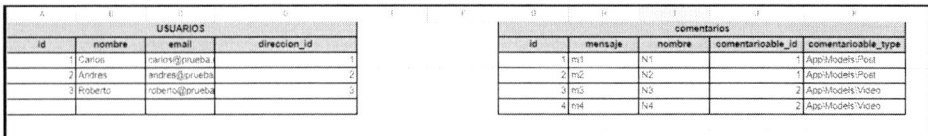

| comentarios | | | | |
|---|---|---|---|---|
| id | mensaje | nombre | comentarioable_id | comentarioable_type |
| 1 | m1 | N1 | 1 | App\Models\Post |
| 2 | m2 | N2 | 1 | App\Models\Post |
| 3 | m3 | N3 | 2 | App\Models\Video |
| 4 | m4 | N4 | 2 | App\Models\Video |

Como ejemplo verá la tabla "usuarios" y la tabla "comentarios". En la tabla "comentarios" todos los campos tienen una dependencia funcional completa a excepción del campo, donde ponga el nombre del usuario aquí se debería poner el "id" del usuario para recuperar el nombre de ese usuario y no introducirlo dos veces, esto es una redundancia de datos.

| comentarios | | | | |
|---|---|---|---|---|
| id | mensaje | usuario_id | comentarioable_id | comentarioable_type |
| 1 | m1 | 2 | 1 | App\Models\Post |
| 2 | m2 | 2 | 1 | App\Models\Post |
| 3 | m3 | 1 | 2 | App\Models\Video |
| 4 | m4 | 3 | 2 | App\Models\Video |

Así que modificará la tabla "comentarios" y pondrá "usuario_id".

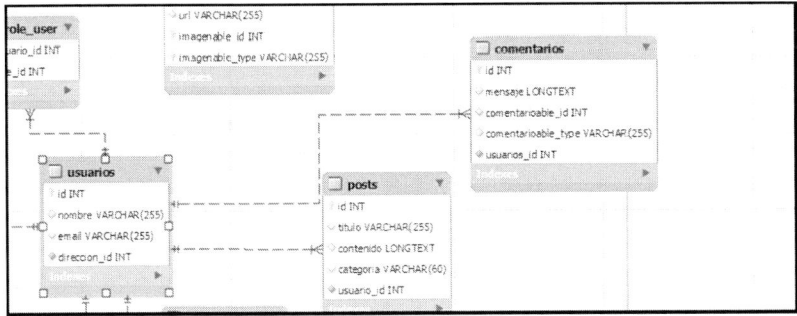

En Workbench deberá eliminar el campo "nombre" y establecer una relación de uno a muchos entre la tabla "usuarios" y la tabla "comentarios".

Recuerde que primero debe hacer clic en el botón de uno a muchos, después debe hacer primero clic sobre la tabla "comentarios", y después hacer clic sobre la tabla "usuarios", después cambie el nombre de la llave foránea a singular "usuario_id".

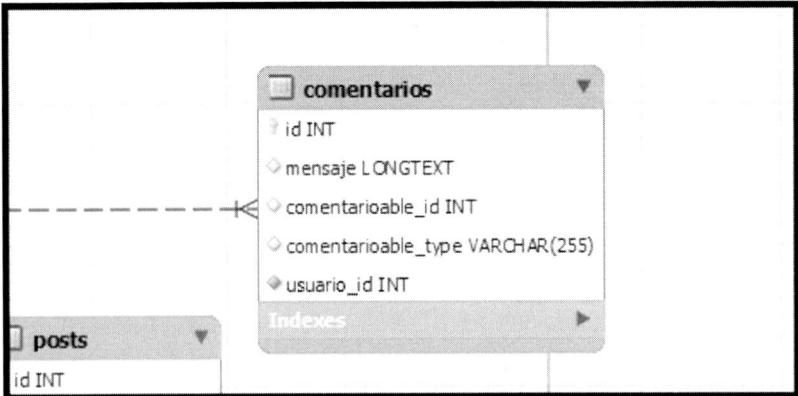

Ahora pasará a aplicar la tercera forma normal (3NF), esta dice que las tablas deben tener la segunda forma normal, y no debe existir una dependencia funcional transitiva con respecto a la clave primaria.

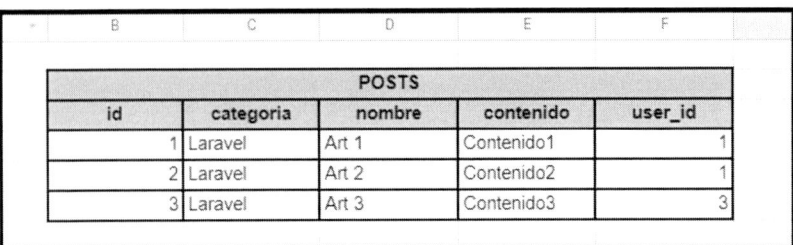

Como puede ver en la tabla "posts" tiene la columna de "nombre" y "contenido", que tienen una relación directa con el "id" del post, es decir, contenido 1 solo está para el post id 1, y contenido 2 solo está para el post id 1, es lo mismo con el nombre Art 1, solo está para el post id 1.

En cambio, si analiza la columna "categoría" se repite varias veces, esta es la prueba de que tiene una relación transitiva y tiene una redundancia de datos.

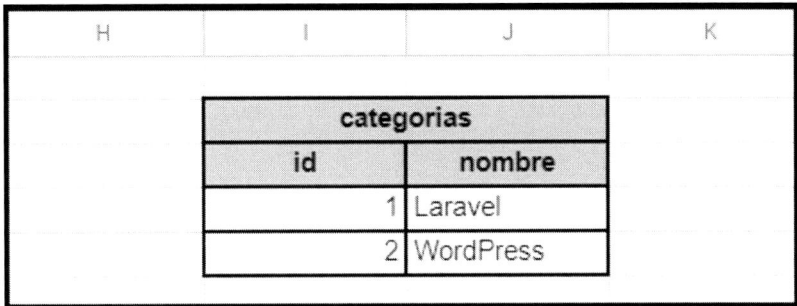

Para solucionar esto debe crear una nueva tabla, donde gestionará todas las categorías.

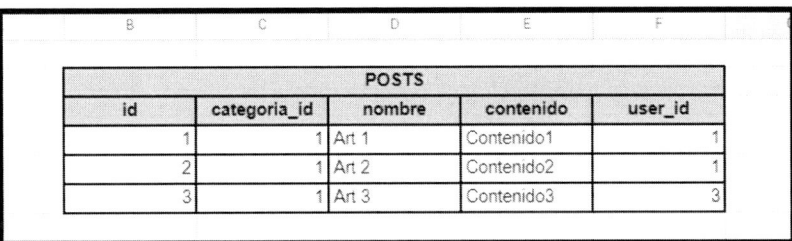

También modificará la tabla "posts" para remplazar el campo categoría por "categoria_id".

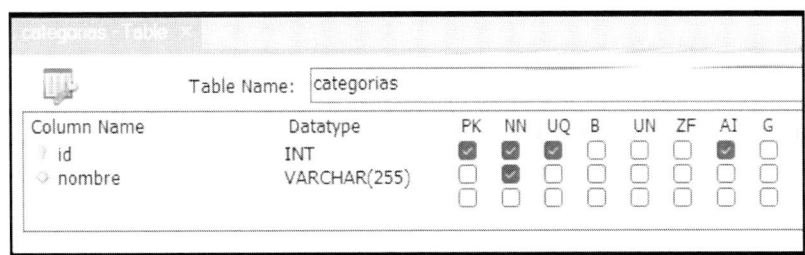

Después debe ir a Workbench y crear la tabla "categorias", después en la tabla "posts" eliminará el campo "categoria" y creará una clave foránea estableciendo una relación de uno a muchos entre la tabla "categorias" y la tabla "posts".

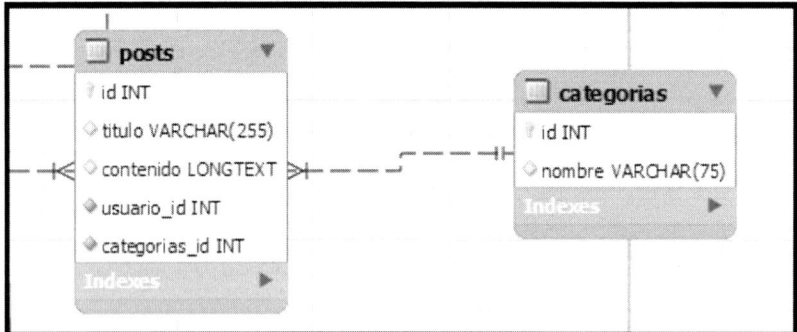

Para establecer la relación de uno a muchos entre la tabla "posts" y la tabla "categorias", primero debe hacer clic en el botón que establece la relación.

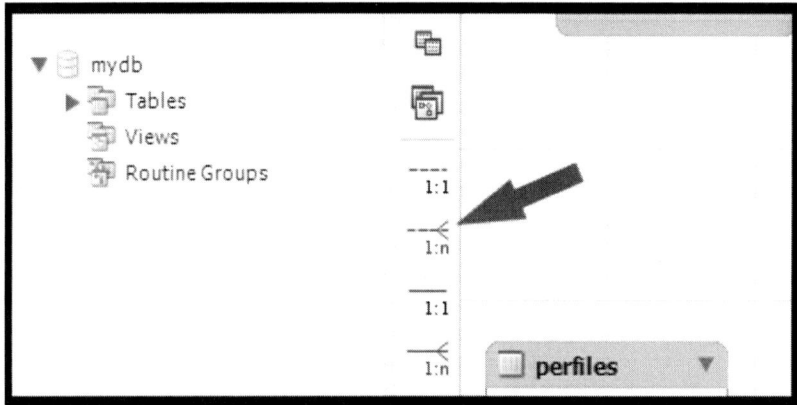

Después de hacer clic en el botón de uno a muchos haga clic primero sobre la tabla "posts" y después sobre la tabla "categorias". Vea que aparece en la tabla "posts" la llave foránea, "categorias_id", debe modificarlo y escribirla en singular, es decir, "categoría_id".

## NOTA IMPORTANTE:

La clave principal de una tabla debe ser única y de autoincremento para garantizar que cada registro tenga un identificador único. En el caso de una tabla de categorías, el id de la categoría sería la clave principal.

La columna "id" es la clave principal de la tabla. Esto significa que cada registro de la tabla debe tener un valor único para "id". El valor de "id" es generado automáticamente por el motor de la base de datos, lo que garantiza que cada registro tenga un identificador único.

Antes de ir al modelo físico de la base de datos modificará el diagrama que tiene en Workbench y eliminará la tabla de "direcciones" y la llave foránea de "direccion_id" que hay dentro de la tabla "usuarios". También añadirás las tablas "permisos" y "permiso_role", así simulará una base de datos de un blog que por default tiene roles y permisos.

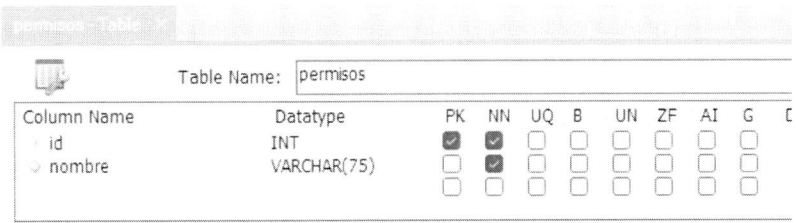

Empiece creando la tabla "permisos", esta tabla contiene dos campos: "id", "nombre"). Cree la tabla y añada los campos.

La tabla "roles" y la tabla "permisos" tienen una relación de muchos a muchos, un rol puede tener muchos permisos y un permiso puede estar presente en muchos roles. Para relacionar estas dos tablas cree una tabla intermedia, que es "permiso_role".

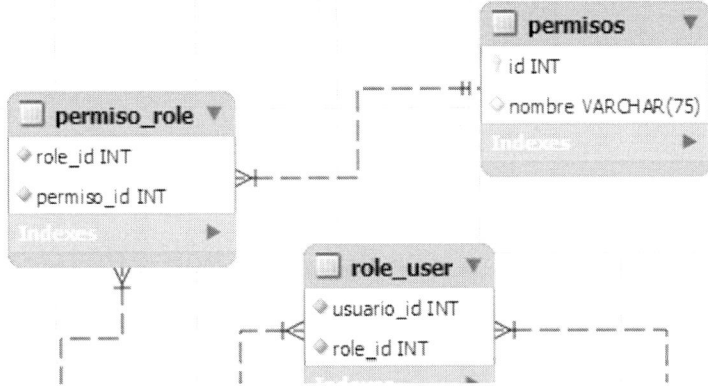

Esta tabla contiene dos llaves foráneas, que son "permiso_id", "role_id", para establecer la relación y que se creen las llaves foráneas en la tabla "permiso_role". Lo primero que debe hacer es clic en el botón de uno a muchos, después clic en la tabla "permiso_role", y después clic en la tabla "roles". Ahora vuelva a hacer clic en el botón de uno a muchos, después clic en la tabla "permiso_role" y luego clic en la tabla "permisos".

Que no se le olvide poner las llaves foráneas en singular. Después de esto ya se pasaría al modelo físico.

## 13.5. Diseñando el modelo físico de la base de datos

Para empezar a crear las tablas va a abrir laragon y va a crear las tablas en el proyecto Jetstream que ha estado trabajando.

Empiece por las tablas que tienen una relación de uno a uno, la tabla "usuarios" y la tabla "perfiles" tienen una relación de uno a uno.

Como decidió qué tabla crear primero, "perfiles" o "usuarios", para ello existen las entidades fuertes y las entidades débiles. Las entidades fuertes son las entidades que no dependen de otra entidad, por ejemplo, la tabla "usuarios", en la cual podríamos registrar todos los usuarios que quisiéramos sin importar si existe la tabla de "perfiles" o no. Mientras que con la tabla de "perfiles" no podríamos hacer lo mismo, la existencia de un perfil está condicionada por la existencia de un usuario, y esto es lo que se conoce como entidad débil.

Así que empiece por crear la tabla de "usuarios", abra el proyecto y vaya a "database/migrations", dentro de "migrations" vea la tabla "users". Como ya tiene esta tabla por default, pase a crear la siguiente, que es la tabla "perfiles".

En la terminal de laragon o de Visual Studio Code apuntará a la carpeta Jetstream y escribirá el comando:

```
php artisan make:migration create_perfiles_table
```

Después de esto cree el modelo, así que a continuación escribirá en la terminal el comando:

```
php artisan make:model Perfil
```

Recuerde que al escribirlo lo hará en singular.

Ahora vaya a las migraciones y cree los campos de la tabla "perfiles", recurde que puede consultar todos los diferentes tipos de campos en la siguiente URL:

https://laravel.com/docs/10.x/migrations#available-column-types

Creará los campos dentro del método "up()", esto quedaría así:

```
public function up()
{
   Schema::create('perfiles', function (Blueprint $table) {
      $table->id();

      $table->string('titulo', 100);
      $table->text('biografia');
      $table->string('urlweb', 255);
      $table->unsignedBigInteger('user_id')->unique();

      $table->foreign('user_id')->references('id')->on('users')
      ->onUpdate('cascade')
      ->onDelete('cascade');

      $table->timestamps();
   });

}
```

Ahora repase lo que acaba de escribir, primero tiene el campo "titulo", este campo ha de crearse con el método "string()" de Laravel, de igual forma ha creado el campo "urlweb", al método "string()" puede pasarle un segundo parámetro para indicarle el número máximo de caracteres.

Tiene también el campo "biografia", para este campo utilice el método "text()", así el usuario puede extenderse escribiendo el texto para su biografía sin preocuparse por el límite de caracteres.

```
    Type | Maximum length
-----------+------------------------------------
  TINYTEXT |            255 (2 8-1) bytes
      TEXT |         65,535 (2^16-1) bytes = 64 KiB
MEDIUMTEXT |     16,777,215 (2^24-1) bytes = 16 MiB
  LONGTEXT |  4,294,967,295 (2^32-1) bytes =  4 GiB
```

Como puede ver en la imagen el máximo de caracteres de un campo con atributo "text()" es de 65,535 caracteres.

Para establecer la relación entre la tabla "users" y la tabla perfiles debe crear el campo "user_id", este debe tener el mismo tipo de dato que el del "id" de la tabla "users".

Al utilizar el método "id()" en la tabla "users" está creando un entero grande sin signo, debe crear el mismo tipo de campo en la tabla "perfiles", para ello utilice el método "unsignedBigInteger('user_id')". Si no lo crea así no podrá añadir la restricción de llave foránea.

| G | H | I | J | K |
|---|---|---|---|---|
| | | PERFILES | | |
| id | titulo | biografia | urlweb | user_id |
| 1 | Web Developer | Lorem ipsum | https://newtheme | 1 |
| 2 | Web Developer | Lorem ipsum | https://newtheme | 2 |
| 3 | Web Developer | Lorem ipsum | https://newtheme | 3 |
| 4 | Web Developer | Lorem ipsum | https://newtheme | 3 |

En esta imagen puede ver que el id 4 es un perfil que está creando el mismo usuario id 3, para solucionar esto el campo "user_id" ha de ser un campo único, para ello escriba la línea de código.

```
$table->unsignedBigInteger('user_id')->unique();
```

Entonces con esta línea de código está creando un campo "user_id" del mismo tipo que el campo "id" de la tabla "users", y también está diciendo que este es un valor único, es decir, un mismo usuario no podrá introducir más de un solo perfil.

| USERS | | | | | PERFILES | | | | |
|---|---|---|---|---|---|---|---|---|---|
| id | nombre | email | direccion_id | | id | titulo | biografia | urlweb | user_id |
| 1 | Carlos | carlos@prueba. | 1 | | 1 | Web Developer | Lorem ipsum | https://newthem | 1 |
| 2 | Andres | andres@prueba | 2 | | 2 | Web Developer | Lorem ipsum | https://newthem | 2 |
| 3 | Roberto | roberto@prueba | 3 | | 3 | Web Developer | Lorem ipsum | https://newthem | 3 |
| | | | | | 4 | Web Developer | Lorem ipsum | https://newthem | 5 |

Ahora tiene la tabla "users" y la tabla "perfiles", en la primera tiene los usuarios con "id" 1, 2, 3.

| USERS | | | |
|---|---|---|---|
| id | nombre | email | direccion_id |
| 1 | Carlos | carlos@prueba. | 1 |
| 2 | Andres | andres@prueba | 2 |
| 3 | Roberto | roberto@prueba | 3 |
| | | | |

Ahora en la tabla "perfiles" tiene los perfiles de usuarios con "id" 1, 2, 3, 5.

| PERFILES | | | | |
|---|---|---|---|---|
| id | titulo | biografia | urlweb | user_id |
| 1 | Web Developer | Lorem ipsum | https://newthem | 1 |
| 2 | Web Developer | Lorem ipsum | https://newthem | 2 |
| 3 | Web Developer | Lorem ipsum | https://newthem | 3 |
| 4 | Web Developer | Lorem ipsum | https://newthem | 5 |

El usuario con el "id" 5 no existe en la tabla "users", esto no debería ser así, para solucionar este problema debe crear una restricción de llave foránea, para crear esta restricción y relacionar las tablas tiene la siguiente línea de código:

```
$table->foreign('user_id')->references('id')-
>on('users');
```

Esta línea de código crea la llave foránea en el campo "user_id", en referencia al "id" de la tabla "users", puede verlo en la documentación de Larevel.

https://laravel.com/docs/10.x/migrations#foreign-key-constraints

Ahora tiene dos líneas de código que le permiten crear la llave foránea del "user_id".

```
$table->unsignedBigInteger('user_id')->unique();
$table->foreign('user_id')->references('id')-
>on('users')
```

Con esto está estableciendo la relación de uno a uno entre las dos tablas, y, con esto, le permitiría crear un perfil para cada usuario existente.

```
onDelete('cascade')
```

Adicionalmente a esto debe añadir el método "onDelete()" con el atributo "cascade", lo que hará esto será eliminar el registro de la tabla "perfiles" si previamente se ha eliminado el registro de la tabla "usuarios". Es decir, si elimina el registro del "usuario" con el "id" número 2 se eliminará el registro del perfil que tiene el "user_id" con el número dos.

Ahora esto iría bien si fuera en este caso, pero si el caso fuera para una relación de la tabla "users" con la tabla "posts", debería utilizar el método "onDelete()" con el atributo "set null". Esto eliminaría solo el "id" del usuario que hay en el campo "user_id" de la tabla "posts", dejando el campo "null" sin eliminar todos los posts que hay relacionados con ese usuario.

Continuando con la tabla de "perfiles", adicionalmente añadirá el método "onUpdate()" y el atributo "cascade", de este modo, si por algún motivo se cambia el "id" del usuario, este cambio se verá reflejado en el campo "user_id" de la tabla "perfiles".

```
onUpdate('cascade')
```

Ahora va a migrar la tabla perfiles que acaba de crear, para ello escriba en la terminal el comando:

```
jhonr@Jhon-456 MINGW64 /c/laragon/www/jetstream
$ php artisan migrate
```

Si va a revisar la base de datos verá que ahora aparece la llave foránea de "user_id" en su tabla "perfiles".

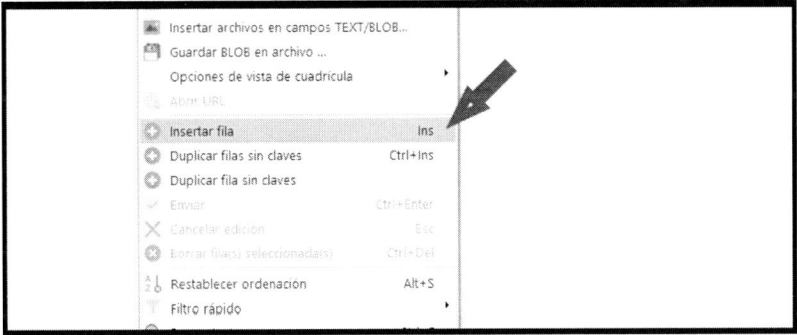

Cree un registro dentro de la tabla "perfiles", para crear un registro haga clic derecho y elija la opción "insertar fila". Al crear el registro veremos que el campo o columna "user_id" solo permite elegir un usuario existente.

Ahora imagine que quiere obtener los datos de perfil del usuario, para ello debe abrir el modelo "User.php" y al final del modelo debe crear un nuevo método al que llamará "perfil", así que dentro del modelo "User.php" al final escribirá:

```
/**
 * Function perfil user
 */
public function perfil(){
   $perfil = Perfil::where('user_id', $this->id)->first();
   return $perfil;
}
```

Existe otra forma de recuperar el objeto, para ello se remplaza el código anterior por lo siguiente:

```
public function perfil(){

   return $this->hasOne('App\Models\Perfil', 'user_id');

}
```

El método "hasOne()" ayuda a recuperar un registro en una relación de uno a uno con el "id" de la llave foránea de la tabla asociada. A este método puedes pasarle tres parámetros:

1.   La ruta del modelo.
2.   El nombre de la llave foránea (no es obligatorio si sigue la convención de Laravel).
3.   El nombre de la clave primaria de la tabla, por default es "id", así que si sigue la convención este tercer parámetro no es obligatorio.

Puede consultar más acerca de este método en la documentación oficial de Laravel.

https://laravel.com/docs/10.x/eloquent-relationships#one-to-one

Ahora si quiere acceder a la información del usuario desde el modelo del perfil debe abrir el archivo "Perfil.php" y al final crear el método "user()".

```php
<?php

namespace App\Models;

use Illuminate\Database\Eloquent\Factories\HasFactory;
use Illuminate\Database\Eloquent\Model;

class Perfil extends Model
{
    use HasFactory;

    public function user(){
        $user = User::find($this->user_id);
        return $user;
    }
}
```

Esta sería la forma habitual de recuperar la información del usuario, existe otra forma que sería la forma inversa a la que hizo en el método "perfil()".

```php
<?php

namespace App\Models;

use Illuminate\Database\Eloquent\Factories\HasFactory;
use Illuminate\Database\Eloquent\Model;

class Perfil extends Model
{
    use HasFactory;

    public function user(){
        // $user = User::find($this->user_id);
        return $this->belongsTo('App\Models\User', 'user_id');
    }
}
```

Ahora vea cómo le devuelve Laravel la información del usuario y del perfil con los métodos que ha creado.

Primero probará que el método "perfil()" que escribió al principio funciona, así que lo pondrá así:

```
public function perfil(){
    $perfil = Perfil::where('user_id', $this->id)->first();
    return $perfil;
}
```

Ahora verá el resultado que le devuelve, para ello utilice Tinker en su consola.

Vaya al archivo "User.php" que hay en la ruta "app/Models", abra la terminal y escriba el siguiente comando:

```
php artisan tinker
```

Ahora apunte al modelo "User", así que escriba el comando:

```
use App\Models\User;
```

Después apunte al usuario con el id "1", así que el siguiente comando que escribirá es:

```
$user = User::find(1);
```

Esto le devolverá un objeto con los datos del usuario.

```
> use App\Models\User
> $user = User::find(1);
= App\Models\User {#4287
    id: 1,
    name: "Jhon Jairo",
    two_factor_confirmed_at: null,
    #remember_token: null,
    current_team_id: null,
    profile_photo_path: "profile-photos/jxtsV1Rx336Cxx4WzdnC0pU2xOHsfuwu8
    created_at: "2023-01-22 13:52:42",
    updated_at: "2023-01-22 15:26:37",
    +profile_photo_url: "http://jetstream.test/storage/profile-photos/jxt
  }
```

Después escriba en la terminal el comando:

```
$user->perfil();
```

Así debería acceder al perfil del usuario que está consultando, pero al intentarlo verá que aparece un error en la terminal que dice que la tabla "perfiles" no ha sido encontrada. Esto es porque Laravel por convención utiliza el idioma inglés para determinar los nombres de las tablas y relacionarlas con los modelos.

El nombre de la tabla "perfiles" ha de escribirse en plural, así que debería llamarse "profiles", y perfiles en singular pasado al inglés ha de escribirse "profile". Antes de realizar los cambios ejecutes en la terminal el comando:

```
php artisan migrate:rollback
```

Con esto revertirá los cambios de migración y podrá realizar los ajustes para cambiar la tabla.

Sabiendo esto va a realizar paso por paso los cambios:

**Paso 1:**

Cambie el nombre del archivo de la migración, ahora será "_create_profiles_table.php".

**Paso 2:**

Dentro de la tabla, en el método "up()" y el método "down()", pondrá "profiles".

**Paso 3:**

Ejecutará de nuevo las migraciones, para ello escribirá en la terminal:

```
php artisan migrate
```

Así subirá de nuevo la tabla, que esta vez se llamará "profiles".

**Paso 4:**

Ahora corregirá el nombre del modelo, el archivo "Perfil.php" ahora lo llamará "Profile.php", este sería el nombre en singular. Después, dentro del modelo, también renombrará la clase:

```
class Profile extends Model
```

**Paso 5:**

Por último, irá al archivo del modelo "User.php" y renombrará el método "perfil()", ahora será "profile()".

```
public function profile(){

    $perfil = Profile::where('user_id', $this->id)->first();
    return $perfil;
    //return $this->hasOne('App\Models\Perfil', 'user_id');

}
```

Ahora que ya tiene todos los cambios podrá proceder de nuevo a verificar con la terminal, ejecute el comando:

```
php artisan tinker
```

Ahora apunte al modelo "User", así que escriba el comando:

```
use App\Models\User;
```

Después apunte al usuario con el id "1", así que el siguiente comando que escribirá es:

```
$user = User::find(1);
```

Esto le devolverá un objeto con los datos del usuario.

```
> use App\Models\User;
> $user = User::find(1);
= App\Models\User {#6910
    id: 1,
    name: "Jhon Jairo",
    email: "jhonja14795@gmail.com",
    email_verified_at: null,
    #password: "$2y$10$.66hrstWl6ouKoNiLiZ6JOcctGn2174VSEaWAEQdwSoeyZ1FYhdoe",
    #two_factor_secret: null,
    #two_factor_recovery_codes: null,
    two_factor_confirmed_at: null,
    #remember_token: null,
    current_team_id: null,
    profile_photo_path: "profile-photos/fuHHRBJYGgH3mEVLxuXm71WimgXiUqNAAwAaeX6X.jpg",
```

Ahora acceda al perfil de ese usuario, para ello escriba en la terminal:

```
$user->profile();
```

Esto le devolverá el perfil del usuario:

```
> $user->profile();
= App\Models\Profile {#7541
    id: 1,
    titulo: "PHP Developer",
    biografia: "Lorem Ipsum",
    urlweb: "https://newtheme.eu/",
    user_id: 1,
    created_at: null,
    updated_at: null,
  }
```

Ahora pondrá el otro código del método "profile()", y comente o elimine el que ha utilizado anteriormente.

```
public function profile(){

    return $this->hasOne('App\Models\Profile', 'user_id');

}
```

Vuelva a escribir en la consola el comando:

```
$user->profile;
```

Verá que ahora, en vez de poner el método "profile()", está llamando a la propiedad "profile", esto funciona igual.

Hará el mismo proceso con el modelo "Profile.php", dentro del archivo tiene el método "user()" con la consulta básica.

```
public function user(){
    $user = User::find($this->user_id);
    return $user;
}
```

Ahora, desde la terminal, accederá al modelo "profile()", y para ello escriba:

```
use App\Models\Profile;
```

Ahora creará una variable y dentro consultará al modelo "Profile" por el usuario con el "id" 1, así que escriba en la terminal:

```
$profile = Profile::find(1);
```

El resultado que obtiene es un objeto con los datos del perfil.

```
PS C:\laragon\www\jetstream> php artisan tinker
Psy Shell v0.11.20 (PHP 8.1.0 — cli) by Justin Hileman
> use App\Models\Profile;
> $profile = Profile::find(1);
= App\Models\Profile {#6910
    id: 1,
    titulo: "PHP Developer",
    biografia: "Lorem Ipsum",
    urlweb: "https://newtheme.eu/",
    user_id: 1,
    created_at: null,
    updated_at: null,
  }
```

Si ahora escribe en la terminal el siguiente comando:

```
$profile->user();
```

Obtendrá un objeto con la información del perfil.

Ahora utilizará el método de Laravel "belongsTo()", así que comentará el método "user()" y escribirá el nuevo método.

```
public function user(){
    return $this->belongsTo('App\Models\User');
}
```

Ahora escribirá en la terminal el siguiente comando:

```
$profile->user;
```

Observe que aquí, en vez de llamar a un método, está llamando a una propiedad, esto es porque al usar los métodos:

- "hasOne()"
- "belongsTo()"

Se crean propiedades dentro de los modelos en los cuales establece esta relación de uno a uno.

## 13.6. Modelo físico, relación de uno a muchos

Va a trabajar con una entidad débil que es la tabla "posts", esta tabla depende de otras dos entidades, que son la tabla "users" y la tabla "categorias", puede verlo en su modelo de Workbench.

Hará lo mismo que hizo con la tabla "perfiles", recuerde que a partir de ahora creará todas las tablas en inglés, así que categorías será "categories".

Ahora vaya a su terminal y escriba un comando para crear la migración y el modelo de la entidad "categories" al mismo tiempo, así que escribirá:

```
php artisan make:model Category -m
```

Al ejecutar este comando podrá ver cómo Laravel crea automáticamente el modelo "Category" y la migración de la tabla "Categories", el primero en singular y el segundo en plural.

Si quisiera crear también el controlador solo bastaría con añadir la letra "c", es decir, el comando seria así:

```
php artisan make:model Category -mc
```

Después de esto observe su modelo de Workbench y vea que hay dos campos, que son el "id" y el "nombre". Abra el archivo de las migraciones y el campo "id" ya aparecerá por default, solo añada el campo "nombre".

```
public function up()
{
   Schema::create('categories', function (Blueprint $table) {
      $table->id();
      $table->string('nombre', 75);
      $table->timestamps();
   });
}
```

Después de esto cree la entidad débil, que es la tabla "posts", así que en la terminal escriba:

```
php artisan make:model Post -m
```

Ahora cierre la terminal y cree los campos de la tabla "posts", abra la migración y el método "up()" debería quedar así:

```
public function up()
{
   Schema::create('posts', function (Blueprint $table) {
      $table->id();

      $table->string('titulo');
      $table->text('contenido');
      $table->unsignedBigInteger('user_id')->nullable();
      $table->unsignedBigInteger('category_id')->nullable();

      $table->foreign('user_id')->references('id')->on('users')->onDelete('set null');
      $table->foreign('category_id')->references('id')->on('categories')->onDelete('set null');

      $table->timestamps();
   });
}
```

Como puede ver, los campos "user_id" y "category_id" son campos nullables, lo cual le permitirá guardar los posts, aunque se hayan eliminado los usuarios de la base de datos, igualmente pasará con las categorías.

Este código escrito de otra forma sería así:

$table->foreignId('user_id')->nullable()->constrained(table: 'users')->cascadeOnUpdate()->nullOnDelete();

$table->foreignId('category_id')->nullable()->constrained(table: 'categories')->cascadeOnUpdate()->nullOnDelete();

Ahora abra el modelo "User.php" y dentro, justo al final, creará un nuevo método.

```
//Relación uno a muchos
public function posts(){
    return $this->hasMany('App\Models\Post');
}
```

Aquí utilizará el método "hasMany()" para hacer la consulta, puede verlo en la siguiente URL, que lleva a la documentación de Laravel.

https://laravel.com/docs/10.x/eloquent-relationships#one-to-many

Ahora abra el modelo "post.php" para hacer la relación inversa, así que dentro del modelo, y justo al final, escriba el método "user()":

<?php

namespace App\Models;

use Illuminate\Database\Eloquent\Factories\HasFactory;
use Illuminate\Database\Eloquent\Model;

class Post extends Model
{
   use HasFactory;

```
   //Relación uno a muchos (inversa)
   public function user(){
      return $this->belongsTo('App\Models\User');
   }
}
```

Como puede ver, en este método está utilizando el método "belongsTo()" de Laravel para hacer la consulta inversa.

Ahora va a establecer la relación entre las entidades de "categories" y "posts", para ello empiece abriendo el modelo "Category.php", y dentro escriba el método "posts()".

```
<?php

namespace App\Models;

use Illuminate\Database\Eloquent\Factories\HasFactory;
use Illuminate\Database\Eloquent\Model;

class Category extends Model
{
   use HasFactory;

   //Relación uno a muchos
   public function posts(){
      return $this->hasMany('App\Models\Post');
   }
}
```

Ahora abra de nuevo el modelo "Post.php" y cree el método "category()" para hacer la consulta inversa.

```
namespace App\Models;

use Illuminate\Database\Eloquent\Factories\HasFactory;
use Illuminate\Database\Eloquent\Model;
```

```
class Post extends Model
{
    use HasFactory;

    //Relación uno a muchos (inversa)
    public function user(){
        return $this->belongsTo('App\Models\User');
    }

    //Relación uno a muchos (inversa)
    public function category(){
        return $this->belongsTo('App\Models\Category');
    }
}
```

Después de esto va a crear las tablas en la base de datos, para ello teclee en la terminal el comando:

```
php artisan migrate
```

Ahora abra el proyecto en una ventana de incógnito en su navegador y registre un nuevo usuario.

| Nombre | Correo | Contraseña |
|---|---|---|
| María Bastos | maria_bastos@gmail.com | Maria@347 |

Después de poner los datos haga clic en el botón de "registrar".

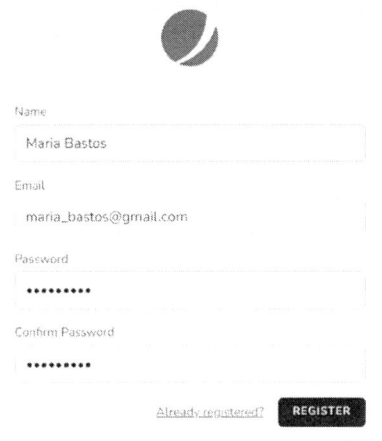

Ahora debe de ir a la base de datos de su proyecto y, en la tabla de "categorias", debe introducir dos categorías:

- Laravel
- Wordpress

Después de crear estas dos categorías abra la tabla "posts" y cree cinco entradas de post.

| Título | Contenido | category_id | user_id |
|--------|-----------|-------------|---------|
| Entrada 1 | Lorem ipsum | 1 | 2 |
| Entrada 2 | Lorem ipsum | 1 | 2 |
| Entrada 3 | Lorem ipsum | 2 | 1 |
| Entrada 4 | Lorem ipsum | 2 | 1 |
| Entrada 5 | Lorem ipsum | 2 | 1 |

Despues de crear las entradas ya estaría todo listo para hacer las pruebas en la terminal, así que abra Tinker, para ello escriba el comando:

```
php artisan tinker
```

Ahora escriba el comando:

```
use App\Models\User;
```

Con esta línea de comando apunte al modelo "User.php". Ahora cree una variable, escriba en la terminal lo siguiente:

```
$user = User::find(1);
```

Esto le devolverá un objeto con la información del usuario, ahora, para acceder a los posts que tiene este usuario, escriba en la consola:

```
$user->posts;
```

Esto le devolverá una colección de objetos, en total tres objetos, que son los posts a los que está asociado el usuario.

Ahora acceda al usuario 2, para ello escriba en la terminal lo siguiente:

```
$user = User::find(2);
```

Esto le devolverá un objeto con los datos del usuario.

Ahora llamará a la propiedad "posts" que ha generado con el método "posts()", y esto le devolverá una colección con los objetos, es decir, con la cantidad de entradas que tiene asociada este usuario.

```
$user->posts;
```

Después de esto compruebe que la relación entre "categorias" y "posts" funciona correctamente, para ello escriba en su terminal lo siguiente:

```
use App\Models\Category;
```

Ahora cree la variable.

```
$category = Category::find(1);
```

Esto le devolverá la categoría cuyo "id" es 1.

```
> use App\Models\Category;
> $category = Category::find(1);
= App\Models\Category {#7551
    id: 1,
    nombre: "Laravel",
    created_at: null,
    updated_at: null,
  }
```

Ahora, recuerde que dentro del modelo "Category.php" tiene el método "posts()", que establece la relación de uno a muchos entre las entidades "posts" y "categories", así que en la terminal escriba el comando:

```
$category->posts;
```

Esto le devolverá una colección con dos objetos, que son el número de entradas asociadas a la categoría con el "id" 1.

## 13.7. Creando la relación uno a muchos de la entidad "videos"

Ahora creará la migración y el modelo para la entidad "videos", para ello escriba en la terminal el comando:

```
php artisan make:model Video -m
```

Recuerde que solo con esta línea de comando creará el modelo y la migración para la entidad de "videos".

Ahora abra el archivo de la migración de la tabla "videos" y añada los campos al método "up()", consultará el modelo de Workbench para ver los campos que debe crear.

```
public function up()
{
    Schema::create('videos', function (Blueprint $table) {
        $table->id();

        $table->string('nombre');
        $table->longText('descripcion');
        $table->string('url');
        $table->unsignedBigInteger('user_id')->nullable();
        $table->foreign('user_id')->references('id')->on('users')->onDelete('set null');

        $table->timestamps();
    });
}
```

Con esto ya generaría la relación de uno a muchos entre la entidad "videos" y "usuarios".

Ahora abra la carpeta "Models" y el archivo "User.php", dentro de la clase y justo al final creará el método "videos()".

```
public function videos(){
    return $this->hasMany('App\Models\Video');
}
```

Después de esto guarde los cambios y abra el modelo "Video.php", donde creará el método "user()" para hacer la consulta inversa.

```
//Relación uno a muchos (inversa)
public function user(){
    return $this->belongsTo('App\Models\User');
}
```

Ahora guarde los cambios y realice la migración para crear la tabla "videos", para ello escriba en la consola el comando:

```
php artisan migrate
```

Con esto ya estaría creada la tabla "videos" en su base de datos.

## 13.8. Relación de muchos a muchos (modelo físico)

Para entender cómo funciona esta relación tomará las entidades:

- "users"
- "roles"
- "role_user"

En la entidad "user" tiene a los usuarios de su aplicación, y en la entidad "roles" tiene a todos los roles o permisos que podría tener un usuario.

| users | | |
|---|---|---|
| id | nombre | email |
| 1 | Carlos | carlos@prueba.com |
| 2 | Andres | andres@prueba.com |
| 3 | Roberto | roberto@prueba.com |
| | | |

| roles | |
|---|---|
| id | nombre |
| 1 | Administrador |
| 2 | Editor |
| 3 | Player |

Tabla "users"

| users | | |
|---|---|---|
| id | nombre | email |
| 1 | Carlos | carlos@prueba.com |
| 2 | Andres | andres@prueba.com |
| 3 | Roberto | roberto@prueba.com |
| | | |

Tabla "roles"

| roles | |
|---|---|
| id | nombre |
| 1 | Administrador |
| 2 | Editor |
| 3 | Player |

En esta tabla están todos los roles, recuerde que un usuario puede tener muchos roles, así que para gestionar esto se crea una tabla intermedia.

| role_user | |
|---|---|
| user_id | role_id |
| 1 | 1 |
| 1 | 2 |
| 1 | 3 |
| 2 | 2 |
| 2 | 3 |

Esta tabla intermedia debe tener el nombre "role_user", esto debe ser así por convenciones de Laravel. Esta tabla intermedia ha de estar compuesta por el nombre de las otras dos tablas separadas por un guion bajo y en orden alfabético, es decir, empezando por "role".

Dentro de la tabla "role_user" deberían existir las llaves foráneas "user_id" y "role_id", y solo debería haber valores que existan en ambas tablas.

Ahora debería preguntarse qué tabla deberíamos crear primero, la tabla "role_user" es una entidad débil que depende de otras dos tablas, que son "roles" y "users", la entidad "roles" es una entidad fuerte, al igual que la entidad "users".

Como la segunda ya está creada proceda a crear la entidad "roles", así que abra la terminal para crear el modelo "Role" junto con la migración, escriba:

```
php artisan make:model Role -m
```

Ahora, dentro de la migración "roles," en el método "up()", cree el campo "nombre":

```
public function up()
{
    Schema::create('roles', function (Blueprint $table) {
        $table->id();

        $table->string('nombre', 60);

        $table->timestamps();
    });
}
```

Ahora guarde los cambios y cree la migración para la tabla "role_user", escriba en la terminal:

```
php artisan make:migration create_role_user_table
```

Después de esto irá al método "up()" de la tabla y creará los campos.

```
public function up()
{
    Schema::create('role_user', function (Blueprint $table) {
        $table->id();

        $table->unsignedBigInteger('role_id');
        $table->unsignedBigInteger('user_id');

        $table->foreign('role_id')->references('id')->on('roles')->onDelete('cascade');
        $table->foreign('user_id')->references('id')->on('users')->onDelete('cascade');

        $table->timestamps();
    });
}
```

Obsérvese que las llaves foráneas tienen el método "onDelete()" con el atributo "cascade", lo que ocasionará que si se elimina un usuario de la tabla "users" también se eliminará en esta tabla intermedia, lo mismo ocurrirá con los roles.

Ahora ejecute el comando:

```
php artisan migrate
```

Con esto ya tendría creadas las tablas.

Después de esto deberá crear la relación de los modelos, para ello abra el archivo "User.php" de la carpeta "Models", y al final escriba:

```
//Relación muchos a muchos
public function roles(){
   return $this->belongsToMany('App\Models\Role');
}
```

Ahora guarde los cambios y abra el modelo "Role.php", aquí escribirá:

```
//Relación muchos a muchos
public function users(){
   return $this->belongsToMany('App\Models\User');
}
```

Después de esto guarde los cambios y ya tendría relacionados los modelos.

Para ver unos ejemplos rellenará las tablas con datos, así que abrirá la base de datos y en la tabla roles creará los roles:

- "Administrador"
- "Editor"
- "Player"

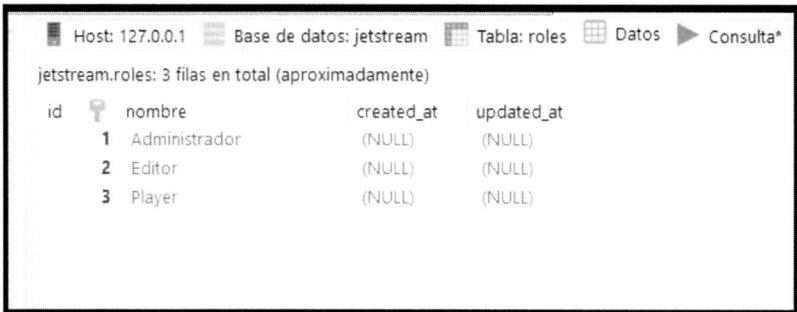

Ahora que tiene los roles y tiene usuarios va a su terminal y abra Tinker, para ello escriba:

```
php artisan tinker
```

Ahora va a apuntar al modelo "User.php", para ello escriba el comando:

```
use App\Models\User;
```

Ahora escriba:

```
$user = User::find(1);
```

Después de esto obtenga un objeto con los datos del usuario, ahora si a este usuario quisiera darle el rol de "Administrador", debe escribir en la terminal el siguiente comando:

```
$user->roles()->attach(1);
```

Así está accediendo al método "roles()" y con el método "attach()" le está pasando el "id" del rol que quiere para este usuario, si vuelve a escribir el mismo comando, pero pasándole el id "2", ahora tendrá también el rol de "Editor".

```
$user->roles()->attach(2);
```

Después de ejecutar este comando verá que en la base de datos, donde está la tabla "role_user", se encuentra el usuario id "1" con los roles de "Administrador" y "Editor".

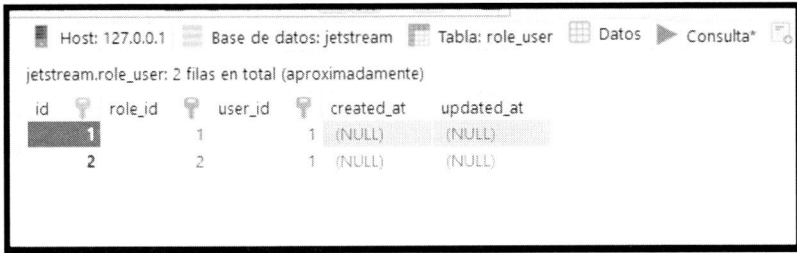

Ahora si quiere quitar los roles puede utilizar el método "detach()" y pasarle como parámetro el "id" del rol, como ejemplo quitaremos los roles uno y dos, para ello escriba:

```
$user->roles()->detach(1);
```

Si comprueba la tabla verá que el registro id "1" ha desaparecido. Ahora quite el registro id "2", es decir, quite el rol de editor.

```
$user->roles()->detach(2);
```

Ahora, si quiere añadir varios roles con ejecutar un solo comando debe poner un array dentro del método "attach()", sería algo así:

```
$user->roles()->attach([1, 2, 3]);
```

Si observa la tabla "role_user", verá estos tres roles para el usuario id "1".

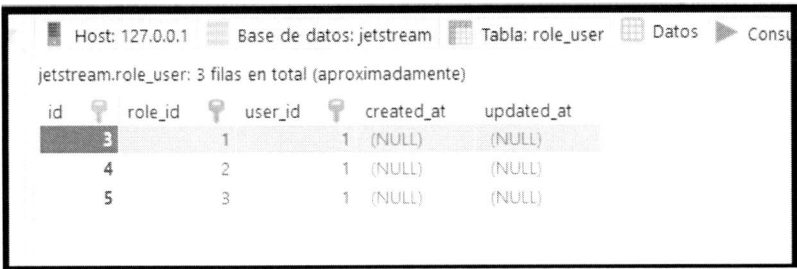

Ahora para eliminar varios roles con un solo comando haga lo mismo, pero utilizando el método "detach()".

```
$user->roles()->detach([1, 2]);
```

Con esto se eliminarán los registros tres y cuatro.

Para finalizar tenemos el método "sync()", a este método debemos pasarle como parámetro los id de los roles que queremos añadir al usuario, después eliminara los demás roles, solo se sincronizaran los roles que le pasemos.

Actualmente tiene el rol con el id "3", escriba en la consola lo siguiente:

```
$user->roles()->sync([1, 2]);
```

Si observa la tabla verá que se ha eliminado el rol con el id "3", pero los roles con el id "1" y "2" se han guardado.

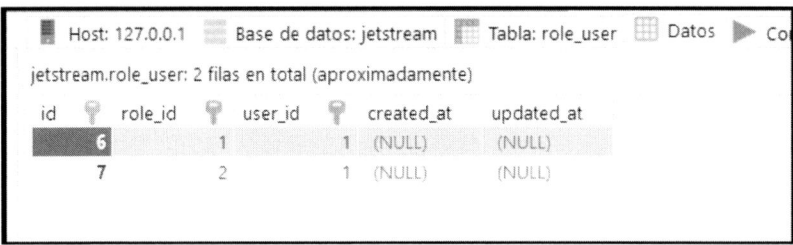

## 13.9. Creando la tabla "permisos" (relación de muchos a muchos)

Ahora creará las entidades de "permissions" y "permission_role", para ello escriba en la terminal el siguiente comando:

```
php artisan make:model Permission -m
```

Ahora abra la migración y cree el campo nombre para la tabla "permissions".

```
public function up()
{
    Schema::create('permissions', function (Blueprint $table) {
        $table->id();

        $table->string('nombre', 75);

        $table->timestamps();
    });
}
```

Después de esto guarde los cambios y ahora cree la tabla intermedia "permission_role", para ello escriba en la terminal el comando:

php artisan make:migration create_permission_role_table

## NOTA IMPORTANTE:

Recuerde que esta tabla está compuesta por las tablas "permisos" y "roles", por tanto, el nombre de la tabla intermedia ha de ser un nombre compuesto empezando por orden alfabético y en singular.

Ahora que ya tiene creada la tabla dentro del método "up()" escriba lo siguiente:

```
public function up(): void
{
    Schema::create('permission_role', function (Blueprint $table) {
        $table->id();

        //llaves foraneas
        $table->foreignId('permission_id')
        ->constrained()
        ->onDelete('cascade');

        $table->foreignId('role_id')
        ->constrained()
        ->onDelete('cascade');

        $table->timestamps();
    });
}
```

Después de esto guarde los cambios y realice las migraciones, para ello escriba en la terminal:

```
php artisan migrate
```

Ahora que ya tiene las migraciones va a relacionar los modelos, para empezar abra el modelo "Role.php" y cree el método "permissions()".

```
public function permissions(){
    return $this->belongsToMany('App\Models\Permission');
}
```

Ahora guarde los cambios y haga lo mismo en el modelo "Permission.php", aquí creará el método "roles()".

```
//Relación muchos a muchos

public function roles(){
    return $this->belongsToMany('App\Models\Role');
}
```

Después de esto guarde los cambios y ya estaría la relación de los modelos.

## 13.10. Relación de uno a uno polimórfica (modelo físico)

En la relación de uno a uno polimórficas podría poner como ejemplos las tablas "usuarios" y "images", en la tabla "usuarios" debería poder tener un campo para almacenar la URL de las imágenes que quiere subir.

Pero ahora imagine que a la tabla "users" se añade el campo "imagen", este campo sería opcional para aquellos que quieran subir una imagen de perfil.

Si este campo es opcional y de 10 000 registros solo unos pocos tuvieran la imagen de perfil no estaría optimizando su base de datos, y se estaría reservando un espacio que a lo mejor en muchos casos no será utilizado.

Si es un campo opcional lo mejor es crear una tabla que lo gestione.

| images | | |
|---|---|---|
| id | url | user_id |
| 1 | url 1 | 1 |
| 2 | url 2 | 2 |

Ahora aquí podrá gestionar las imágenes que se suban para los perfiles de los usuarios.

Ahora imagine que debe hacer lo mismo para almacenar las URL de las imágenes destacadas de los posts.

| images | | |
|---|---|---|
| id | url | post_id |
| 1 | url 1 | 1 |
| 2 | url 2 | 2 |

Creará otra tabla "images", donde tendría el campo "post_id" para saber a qué posts pertenece la imagen.

Pero el otro problema sería que si tiene que hacer esto para muchas otras entidades se irán repitiendo muchas tablas de imágenes, y solo puede haber una que se llame "images". La solución es crear una sola tabla para gestionar todas las imágenes de todas las entidades o modelos de su proyecto.

| images | | | |
|---|---|---|---|
| id | url | imageable_id | imageable_type |
| 1 | url 1 | 1 | App\Models\User |
| 2 | url 2 | 2 | App\Models\User |
| 3 | url 3 | 3 | App\Models\Post |
| | | | |

Esta tabla "images" tendrá un campo, "imageable_id", donde se almacenará el "id" o llave primaria de la entidad, es decir, si un usuario sube una foto de perfil aquí pondrá el "id" del usuario.

Lo mismo ocurre si la entidad relacionada es la tabla "posts", aquí pondrá el "id" o la llave primaria del post.

El campo "imageable_id" se escribe así por convención de Laravel. Este campo lleva el nombre de la entidad en singular y se añade "able_id".

Después tiene el campo "imageable_type", en este campo se almacenará la ruta del modelo que relaciona la imagen que se está subiendo, es decir, si la imagen es para el perfil de usuario en este campo irá a la ruta "App\Models\User", y si la imagen es para un post la ruta será "App\Models\Post", así recupera esa imagen y crea una relación polimórfica.

Ahora la relación es de uno a uno polimórfica, pero qué pasaría si existiesen dos imágenes de perfil para un solo usuario.

| images | | | |
|---|---|---|---|
| id | url | imageable_id | imageable_type |
| 1 | url 1 | 1 | App\Models\User |
| 2 | url 2 | 2 | App\Models\User |
| 3 | url 3 | 3 | App\Models\Post |
| 4 | url 4 | 1 | App\Models\User |

En el "id" 4 puede ver que hay otra imagen de perfil para el usuario con el "id" 1, para que esto no ocurra debe eliminar el campo "id".

| url | imageable_id | imageable_type |
|---|---|---|
| url 1 | 1 | App\Models\User |
| url 2 | 2 | App\Models\User |
| url 3 | 3 | App\Models\Post |
| | | |

Esta tabla ahora tendrá una llave compuesta, esa llave estará identificada por los campos "imageable_id" e "imageable_type".

Ahora creará el modelo "Image" con su migración, para ello escribirá en la terminal el siguiente código:

```
php artisan make:model Image -m
```

Ahora abra el archivo de la migración y cree los campos.

```
public function up()
{
    Schema::create('images', function (Blueprint $table) {

        $table->string('url');
        $table->unsignedBigInteger('imageable_id');
        $table->string('imageable_type');

        //llave primaria compuesta
        $table->primary(['imageable_id', 'imageable_type']);

        $table->timestamps();
    });
}
```

Ahora, si se fija en el método "up()", verá que el campo "id" lo ha eliminado y ha creado la llave primaria compuesta con el método "primary()", pasando dentro de este método un array con los nombres de los campos que formarán esta llave. Ahora creará la tabla en la base de datos:

```
php artisan migrate
```

Después de esto podrá ver la tabla en la base de datos.

Ahora deberá abrir el modelo "Image.php", dentro creará la función "imageable()", ha de ser el mismo nombre con el que se llamaron los campos de la llave compuesta, ambos se llaman "imageable".

```php
<?php

namespace App\Models;

use Illuminate\Database\Eloquent\Factories\HasFactory;
use Illuminate\Database\Eloquent\Model;

class Image extends Model
{
    use HasFactory;

    public function imageable(){
        return $this->morphTo();
    }
}
```

Como puede ver, dentro de la función está utilizando el método "morphTo()" para crear la relación polimórfica.

Ahora abrirá el archivo del modelo "Post.php" y escribirá lo siguiente:

```php
//Relación uno a uno polimórfica
public function image(){
    return $this->morphOne('App\Models\Image', 'imageable');
}
```

Ahora abrirá el modelo "User.php" y escribirá la misma función.

```php
//Relación uno a uno polimórfica
public function image(){
    return $this->morphOne('App\Models\Image', 'imageable');
}
```

Ahora que ya tiene los tres modelos con una relación de uno a uno polimórfica va a probar esto en la terminal utilizando Tinker. Pero antes añada una propiedad en el modelo "Image.php", esta propiedad es "$guarded", así que escriba:

```php
protected $guarded = [];
```

Recuerde que al utilizar la propiedad "$guarded" como un array vacío estará diciéndole a Laravel que quiere insertar todos los valores de las columnas. Si dentro de este array pusiera el nombre de uno o más campos, por ejemplo:

```
protected $guarded = ['name', 'email'];
```

Esto significa que querría ignorar solo el nombre y el correo electrónico, no querría insertar valores de la columna de nombre y correo electrónico.

El modelo "Image.php" ahora debe verse así:

```php
<?php

namespace App\Models;

use Illuminate\Database\Eloquent\Factories\HasFactory;
use Illuminate\Database\Eloquent\Model;

class Image extends Model
{
    protected $guarded = [];

    use HasFactory;

    public function imagcable(){
        return $this->morphTo();
    }
}
```

Ahora escribirá en la consola el comando:

```
php artisan tinker
```

Después apuntará al modelo "Image".

```
use App\Models\Image;
```

Ahora, para crear la URL de la imagen y guardarla en la base de datos, escribirá:

Image::create(['url' => 'https://newtheme.eu', 'imageable_id' => 1, 'imageable_type' => 'App\Models\User']);

Con esto se habrá creado el primer registro en la tabla "images".

```
> Image::create(['url' => 'https://newtheme.eu', 'imageable_id' =>
= App\Models\Image {#3957
    url: "https://newtheme.eu",
    imageable_id: 1,
    imageable_type: "App\Models\User",
    updated_at: "2023-03-18 09:59:35",
    created_at: "2023-03-18 09:59:35",
    id: 0,
  }
```

Puede ver el objeto que se ha creado en la terminal, ahora, para acceder a esta imagen desde el registro del usuario, escribirá lo siguiente:

```
use App\Models\User;
```

Ahora para recuperar los datos del usuario escriba:

```
$user = User::find(1);
```

Después de esto ya podrá recuperar la imagen del usuario, y para ello escribirá:

```
$user->image;
```

Aquí puede ver que al llamar a la propiedad "image" está recuperando el objeto con los datos de la imagen.

```
> $user->image;
= App\Models\Image {#4922
    url: "https://newtheme.eu",
    imageable_id: 1,
    imageable_type: "App\Models\User",
    created_at: "2023-03-18 09:59:35",
    updated_at: "2023-03-18 09:59:35",
  }
```

Recuerde que cuando creó los métodos dentro de los modelos se creó también una propiedad, que es la que le retorna el objeto.

Si en vez de llamar a la propiedad llamó al método "image()", esto le devolverá la relación que hay entre las dos entidades, pero le permitirá insertar más fácilmente una imagen. Escriba lo siguiente:

```
$user->image();
```

Como he dicho, esto me mostrará la relación de las dos entidades.

```
> $user->image();
= Illuminate\Database\Eloquent\Relations\MorphOne {#3959}

>
```

Ahora verá como desde aquí podrá insertar la imagen sin tener que hacer lo que hizo al principio, para ello primero elimine esta imagen de la base de datos. Después escriba en la terminal:

```
$user->image()->create(['url' =>
'https://newtheme.eu']);
```

Ahora vera cómo se añade esta URL a los registros.

```
> $user->image()->create(['url' => 'https://newtheme.eu']);
= App\Models\Image {#3950
    url: "https://newtheme.eu",
    imageable_id: 1,
    imageable_type: "App\Models\User",
    updated_at: "2023-03-18 10:35:57",
    created_at: "2023-03-18 10:35:57",
    id: 0,
  }
```

Después de esto verá la relación de uno a muchos polimórfica.

## 13.11. Relación de uno a muchos polimórfica (modelo físico)

Ahora verá cómo crear la relación polimórfica de la entidad "comentarios".

En esta ocasión debe relacionar las entidades "posts", "comments" y "videos". Para ello puede crear una entidad llamada "comment_post" y "comment_videos", pero a medida que el proyecto vaya creciendo y tenga que añadir otros comentarios de otras entidades deberá añadir más tablas.

Para que esto no ocurra creará una sola tabla "comments", donde creará los campos "comentable_id" y "comentable_type".

| comments | | | |
|---|---|---|---|
| id | mensaje | commentable_id | commentable_type |
| 1 | Lorem ipsum | 1 | App\Models\Post |
| 2 | Lorem ipsum | 1 | App\Models\Post |
| 3 | Lorem ipsum | 2 | App\Models\Video |
| 4 | Lorem ipsum | 2 | App\Models\Video |

Como puede ver en la imagen hay un "id" para el registro de cada comentario y un campo "mensaje", donde almacena el comentario.

Después tiene el campo "comentable_id", que es donde almacena el "id" del post y el campo "comentable_type", que será donde almacene la ruta del modelo, así sabrá si es el comentario de un post o de un vídeo.

Adicionalmente, añadirá el campo "user_id", esto sería un campo de llave foránea, así sabrá qué usuario ha hecho el comentario.

| comments | | | | |
|---|---|---|---|---|
| id | mensaje | user_id | commentable_id | commentable_type |
| 1 | Lorem ipsum | 1 | 1 | App\Models\Post |
| 2 | Lorem ipsum | 2 | 1 | App\Models\Post |
| 3 | Lorem ipsum | 1 | 2 | App\Models\Video |
| 4 | Lorem ipsum | 3 | 2 | App\Models\Video |

Ahora que ya sabe cómo crear esta tabla procederá a crear el modelo y la migración, así que vaya a su terminal y escriba:

```
php artisan make:model Comment -m
```

Después de esto abra el archivo de migración y en el método "up()" cree los campos de la tabla.

```
public function up(): void
{
    Schema::create('comments', function (Blueprint $table) {
        $table->id();

        $table->text('mensaje');

        //llave foranea user_id
        $table->foreignId('user_id')
        ->constrained()
        ->onDelete('cascade');

        $table->unsignedBigInteger('commentable_id');
        $table->string('commentable_type');

        $table->timestamps();
    });
}
```

Ahora que ya tiene los campos hará la migración para crear la tabla en la base de datos, para ello escriba lo siguiente:

```
php artisan migrate
```

Ahora va a abrir el modelo "Comment.php" y va a crear el método "commentable", es importante que recuerde que al crear relaciones polimórficas debe nombrar al método, igual que nombra a los campos que establecen dicha relación.

```
//Relación polimórfica
public function commentable(){
```

```
    return $this->morphTo();
}
```

Ahora va a relacionar los modelos "post" y "video" con el modelo "Comment", así que abra primero el modelo "Post.php" y escriba lo siguiente:

```
//Relación uno a muchos polimórfica
public function comments(){
   return $this->morphMany('App\Models\Comment', 'commentable');
}
```

Con este método que ha creado ya estaría relacionando las entidades "posts" y "commments", ahora copie este mismo método y péguelo en el modelo "Videos.php".

```
//Relación uno a muchos polimórfica
public function comments(){
   return $this->morphMany('App\Models\Comment', 'commentable');
}
```

Fíjese en que al apuntar al modelo "Comment" está haciendo una llamada a la función "commentable" que creó anteriormente.

Después de esto guarde los cambios, ahora le queda establecer la relación de las entidades "users" y "comments". Esta relación es de uno a muchos, así que abra el modelo "User.php" y debajo del método "videos()" escriba:

```
public function comments(){
   return $this->hasMany('App\Models\Comment');
}
```

Ahora abra el modelo "Comment" y escriba el método "user()":

```
//Relación uno a muchos inversa
public function user(){
   return $this->belongsTo('App\Models\User');
}
```

El código del archivo del modelo "Comment.php" debe estar así:

```php
<?php

namespace App\Models;

use Illuminate\Database\Eloquent\Factories\HasFactory;
use Illuminate\Database\Eloquent\Model;

class Comment extends Model
{
    use HasFactory;

    //Relación uno a muchos inversa
    public function user(){
        return $this->belongsTo('App\Models\User');
    }

    //Relación polimórfica
    public function commentable(){
        return $this->morphTo();
    }

}
```

Con esto ya tendría las relaciones con la entidad "comments".

## 13.12. Relación de muchos a muchos polimórfica (modelo físico)

Ahora establecerá las relaciones entre las entidades "posts", "videos" y "tags", para ello creará una tabla intermedia que llamará "tagables".

Ahora que tiene claro todo esto vaya a su terminal y escriba:

```
php artisan make:model Tag -m
```

Ahora cree la tabla "tags".

| tags | |
|---|---|
| **id** | **nombre** |
| 1 | tag1 |
| 2 | tag2 |
| 3 | tag3 |

Como puede ver en la imagen esta tabla ha de llevar dos campos, "id" y "nombre".

Así que en la migración solo debe crear el campo "nombre".

```
public function up()
{
    Schema::create('tags', function (Blueprint $table) {
        $table->id();

        $table->string('nombre', 100);

        $table->timestamps();
    });
}
```

Ahora creará la tabla intermedia.

| tagables | | |
|---|---|---|
| **tagable_id** | **commentable_type** | **tag_id** |
| 1 | App\Models\Post | 1 |
| 1 | App\Models\Post | 2 |
| 2 | App\Models\Video | 1 |
| 3 | App\Models\Post | 1 |

Como puede ver en la imagen debe crear tres campos, lo primero que hará será crear la migración, para ello escriba en la terminal el comando:

```
php artisan make:migration create_tagables_table
```

Ahora, dentro del método "up()", creará los campos para la tabla.

```
public function up(): void
{
    Schema::create('tagables', function (Blueprint $table) {

        //columns tagables
        $table->unsignedBigInteger('tagable_id');
        $table->string('tagable_type');

        //Llave foranea
        $table->foreignId('tag_id')
        ->constrained()
        ->onDelete('cascade');

        $table->timestamps();
    });
}
```

Después de esto guarde los cambios y ejecute el comando para crear las tablas.

```
php artisan migrate
```

Ahora cree las relaciones de los modelos "post", "video" y "tag". Lo primero que hará será abrir el modelo "Post.php" y dentro, justo al final, escribirá:

```
//Relación muchos a muchos polimórfica
public function posts(){
    return $this->morphToMany('App\Models\Tag', 'tagable');
}
```

Después de esto abra el archivo de modelo "Video.php" y escriba este mismo método:

```
//Relación muchos a muchos polimórfica
public function posts(){
```

```
    return $this->morphToMany('App\Models\Tag', 'tagable');
}
```

Es importante observar que ahora el método de Laravel que utiliza es el método "morphToMany()", puede consultar más acerca de este método en la documentación oficial de Laravel.

https://laravel.com/docs/10.x/eloquent-relationships#many-to-many

Ahora abra el modelo "Tag.php" y escriba los métodos para hacer la consulta inversa tanto del modelo "post" como del modelo "video", así que escriba:

```
//Relación muchos a muchos inversa polimórfica
public function posts(){
    return $this->morphedByMany('App\Models\Post', 'tagable');
}

public function videos(){
    return $this->morphedByMany('App\Models\Video', 'tagable');
}
```

El método que utiliza para hacer la consulta inversa es "morphedByMany()", este método también puede consultarlo en la URL anterior.

Con esto ya tendría la relación de muchos a muchos polimórfica.

MÓDULO 14
# PROYECTO DE CREACIÓN
# DE UN BLOG

## 14.1. Lo que aprenderá en este proyecto

Aprenderá todo lo estudiado en los módulos anteriores, además de esto aprenderáa a utilizar AdminLte para crear el panel de administración para la creación, edición y eliminación de posts, etiquetas, categorías y roles.

Aprenderá a crear roles y permisos utilizando Laravel Permission de SPATIE. El permiso SPATIE Laravel es el mejor paquete para administrar los permisos y roles de los usuarios en una base de datos.

Para entender mejor el sistema de roles y permisos pondremos como ejemplo el uso de un periódico, algo similar a nuestro blog.

**Ejemplo:**

Imagine que en el periódico o revista trabajan muchos periodistas, esto sería un rol al que llamaríamos "periodista". Este rol tiene varios permisos, como editar, actualizar o eliminar un artículo, además de permisos para crear anuncios dentro de las publicaciones, también permisos de estadísticas para ver el impacto que tienen sus artículos, en total unos 15 permisos.

Imagine que cada vez que entra un nuevo periodista debe asignarle esos 15 permisos, sería algo bastante tedioso. Así que todos esos permisos se agrupan o asocian a un solo rol, que es el de periodista, así es cómo funciona el sistema de roles y permisos.

Para crear este sistema y cualquier sistema de roles y permisos es necesario tener conocimientos acerca de las relaciones de muchos a muchos y las relaciones de muchos a muchos polimórfica.

Así, se abarcarán todos los temas estudiados en los módulos anteriores y además al final verá cómo compilar su aplicación y subirla a producción.

Este módulo será un material adjunto, el cual se podrá disfrutar en videoclases, y los temas que se tratarán serán los siguientes.

**NOTA IMPORTANTE:**

Recuerde que, para acceder a los vídeos, debe volver a la primera página, donde verá un recuadro con las instrucciones para acceder al material adicional.

### Proyecto de creación de un blog

- Creación de tablas y modelos de la base de datos.
- Generando texto falso para rellenar las tablas de la base de datos.
- Creando el menú de navegación.
- Añadiendo funcionalidad al navbar.

### Creando el frontend de nuestro blog

- Mostrar el listado de posts de un blog.
- Creando clases personalizadas y maquetando la página de inicio.
- Creando la vista para una entrada individual de post.
- Creando los enlaces del menú para filtrar los posts por categoría.
- Creando componente anónimo para mostrar las cards de los posts.
- Integrando adminLTE en Laravel (Parte I).
- Integrando adminLTE en Laravel (Parte II).

## Creando el backend de nuestro blog

- Personalizando la plantilla AdminLTE creando el CRUD de categorías.
- Creando el CRUD categorías para la gestión del blog.
- Añadiendo formularios para crear nuevas categorías.
- Eliminando una categoría de la lista de categorías (CRUD de Laravel).
- Creando el CRUD para las etiquetas (Parte I).
- Creando el CRUD para las etiquetas (Parte II).
- Ajustando la plantilla AdminLTE.
- Creando el CRUD para los posts.
- Creando el formulario para un nuevo post.
- Cómo crear un nuevo post.
- Corrigiendo errores para los posts sin imágenes.
- Añadiendo el campo imagen al formulario.
- Creando la vista para actualizar un post.
- Creando el código para actualizar el post en el método UPDATE.
- Creando la lógica para eliminar el post (método delete).
- Policies de Laravel. ¿Qué son y para qué sirven?

## Roles y permisos

- Implementando un sistema de roles y permisos (Laravel Permission).
- Cómo crear roles y permisos.
- Asignación de roles de usuarios (CRUD Users).
- Ocultando los botones según el permiso del rol.
- Protegiendo las rutas de acuerdo con el rol de usuario.
- Crear un CRUD para los roles.
- Cómo funciona la caché en Laravel.
- Cómo actualizar datos de caché en Laravel.
- Cómo subir el proyecto Laravel a un servidor remoto.